U0596329

【日】武田雅哉 – 著　　任钧华 – 译

构造另一个宇宙

中国人的传统时空思维

中华书局

图书在版编目(CIP)数据

构造另一个宇宙：中国人的传统时空思维/(日)武田雅哉著；
任钧华译. —北京：中华书局，2017.5
ISBN 978-7-101-12447-7

Ⅰ.构…　Ⅱ.①武…②任…　Ⅲ.传统文化–中国–通俗读物
Ⅳ.K203–49

中国版本图书馆 CIP 数据核字(2017)第 024159 号

本书由作品社授权,译自日文版《桃源乡的机械学》(1995 年)。

书　　　名	构造另一个宇宙：中国人的传统时空思维
著　　　者	〔日〕武田雅哉
译　　　者	任钧华
责任编辑	徐卫东
出版发行	中华书局
	(北京市丰台区太平桥西里 38 号　100073)
	http://www.zhbc.com.cn
	E-mail:zhbc@zhbc.com.cn
印　　　刷	北京瑞古冠中印刷厂
版　　　次	2017 年 5 月北京第 1 版
	2017 年 5 月北京第 1 次印刷
规　　　格	开本/880×1230 毫米　1/32
	印张 8⅛　插页 2　字数 170 千字
印　　　数	1–6000 册
国际书号	ISBN 978-7-101-12447-7
定　　　价	45.00 元

目录

推荐序：为了趣味的学问

都说受儒家影响，中国人讲究实用。孔子一句"未知生焉知死"，遂令中国人对"生之前，死之后"的事毫无兴趣。更有人推论，就是因为这样，中国人只要经学，不讲科学。科学在中国，遂只能萌芽，无法茁壮成长；只能放烟火，无法制大炮。中国人缺乏想像，中国人没有科学精神，中国人观察自然的能力薄弱……这几乎成了十九世纪以来欧美人士的结论。西风压倒东风，许多中国人甚至也赞同了。

但，中国人真的对科学冷感？对世界缺乏想像？只活在现世人伦网络之中吗？年轻的武田雅哉似不同意，于是和晚清中国谈恋爱，一头钻进断烂朝报堆中，以图用文转播中国人"眼球闹革命"的实况，让世人明白，西风东渐下的中国人对科学兴趣可大了，他们的好奇想像与会通能力，精彩绝伦，在他们的眼中笔下，《飞翔吧！大清帝国》，根本不是梦！

武田雅哉是个很不一样的学者，爱看连环画，爱读笔记小说，参加探险队，到社区教中文，到处乱跑找旧书翻图片。他的老师中野美代子教授，毕生几乎奉献给了《西游记》跟孙悟空这号人物。她这位爱徒克绍箕裘，不遑多让，不但爱上了猪八戒，写了一本《猪八戒的大冒险》，还把研究战线往前拉，点名《愿做杨贵妃的男人们》出列；往后则慧眼独具去看《小朋友的文化大革命》。中国人形容治学勤奋是"上穷碧落下黄泉，动手动脚找东西"，这句话，用在武田雅哉教授身上，一点不为过，只要把"东西"改成"妖怪"就可以了。

《桃源乡的机械学》*日文初版于 1995 年，后《飞翔吧！大清帝国》七年，虽然全书较为芜杂，但还是可以看得出来，武田教授的关注焦点不离"中国人的传统时空思维模式"之上。这个模式牵涉广泛，也因此他可以从昆仑讲到行星之旅，再跳到骷髅的幻戏；中式怪物大集合后接一个猪八戒漂白之旅；看着圆明园的喷泉讲出一堆机关概念；从近代中国的电和以太，也可判明脑内桃源乡的结构。此中所涉及的学问，从地理学、天文学、妖怪学、神话学，一直到植物学、历史学、文学……无所不至。看他娓娓道来，如数家珍，乃让人不得不好奇：这样古灵精怪的学者，到底是如何炼成的？

只是尽管热闹，却还是有门道可说。武田教授让人看得眼花缭乱的这一系列学术随笔，归纳出了传统中国人"知道通往那只能用词语测量的时空的狭路，若无其事地暗自往返于其中。在那样的世界中，时间和空间可以自由收缩"，"不慌不忙、不动声色地驱使语言，以面不改色的神情，静静编织不合理的世界"；并将此一不合情理却充满趣味的思维模式，取名为"桃源乡的机关装置"。

按照常见学术作法，有了这一归纳，似乎应该继续论证，或者可得出类如"集体想像的逃避"或"文人情怀的寄托"什么的结论。然而，武田教授却见好就收，到此打住。因为他认为想从这"装置"之中"读到对人性的看法或是什么讽刺精神，是很愚蠢的。我们就随故事发展下去，不要干涉它吧！"正是这一"存而不论"，让本书不少篇章成了"述而不作"。学界中人或许要觉得可惜，但就一名普通读者而言，这一打住，保存了更多想像的空间，让阅读的趣味更加盎然了。

"王子猷居山阴，夜大雪，眠觉，开室，命酌酒。……忽忆戴安道，时戴在剡，即便夜乘小船就之。经宿方至，造门不前而返。人问其故，王曰：'吾本乘兴而行，兴尽而返，何必见戴？'"这是《世说新语》中著名篇章。兴者，趣味也。知识的趣味，有时即在其纯然，未必一定要问为什么，或从中得出什么结论。武田雅哉此书，一吐一吞之间，可说深得六朝遗意也。

傅月庵

＊编者按："桃源乡的机械学"为本书中文繁体版译名。

序：从"口中吐出的女子"说起

    阳羡，是今日江苏省宜兴的旧称。有一天，当地的男子许彦，用笼子装了两只鹅，背着它们在山中行走。走着走着，看见一位书生坐在路旁。书生见许彦走近，便恳求说："我脚痛走不动，请让我栖身在鹅笼里，载我一程吧！"许彦以为是在说笑，不料书生一溜烟钻进了鹅笼，和里头的两只鹅并坐。笼子没变大，书生也没变小，那两只鹅更是平平稳稳地端坐其中。许彦就这样背着一人二鹅往前走，却也不觉得笼子变重。

    许彦走了好一会儿，挑了树下阴凉处歇息。书生从笼里出来，对许彦说：

    "请让我摆设酒宴来答谢您吧！"

    "好。"许彦说。书生从口中取出铜箱，箱中尽是珍馐佳肴。几杯黄汤下肚后，书生说：

    "我还带了一位女子，暂且唤她出来作陪如何？"

    "好。"许彦答道。书生从口中吐出一位美丽的年轻女子。三人一同吃喝谈笑，没多久书生不胜酒力醉倒了。见书生已入睡，女子便对许彦说：

    "我和这位书生名义上是夫妻，但实不相瞒，我真的不爱他。我偷偷带了一位男子，想叫他出来，希望您别告诉书生。"

"好。"许彦一应允,女子便从口中吐出一位年约二十三四,且长得一表人才的男子。

这男子同许彦寒暄一番。这时,只见原本熟睡的书生就要醒转,女子连忙从口中吐出一道屏风,挡住男子身影。书生把女子叫回到身边,然后两人沉沉睡去。男子见书生睡着,对许彦说:

"女子对我有情,但不是真心真意。其实,我另外带了一名女子同行,现在想见见她,请您千万不要泄露出去。"

许彦回答:"好。"

男子从口中吐出一名女子。三人又饮起酒来,谈笑共乐。突然间,传来书生的声响。

"看样子那两人快醒了。"男子把女子放入口里。过了一会,年轻女子先醒来。

"书生要起来了。"说完,女子把男子吞进口中。随后,书生醒了过来,对许彦说:"这一觉可睡了好久。时候不早,该道别了。"

书生把女子连同杯盘尽数吞入口中,并把一个二尺宽的铜盘递给许彦。

"手边没什么好送的,这铜盘,留给您作饯别礼吧!"

和许彦道别后,书生飘然离去。

《阳羡鹅笼》——文题的命名方法看来十分奇特的这篇故事,收录于南朝梁著名诗人吴均(469—520)的小说集《续齐谐记》,在文学史上被划入"志怪小说"的类别。这篇故事的主干,也就是那不合理的空间概念,是受到印度奇术的影响。尽管属于外来的思想,但这种空间游戏却成为中国故事的强烈特质之一。

老实说,这故事真让我摸不着头脑。原因在于,这故事没办法用影像来呈现。虽然自己努力想在脑海里重现"书生进了鹅笼,鹅笼不见大，书生也不见小"的场景，但总是被警告说："唉！你这是白费力气，快停止吧！"许彦所"见到"的"现象"，不管我们用怎样的特摄技术，都无法把它化为影像。

编撰讲述这个飘逸故事的中国人，从容徜徉于惟有词语创造的形象空间。他们知道通往那只能用词语量测的时空的狭路，若无其事地暗自往返于其中。在那样的世界中，时间和空间可以自由伸缩，若想测量它，是绝对测不出什么来的。里面有的，只是"词语"和词语的舞步所编织成的"故事"。如果想从《阳羡鹅笼》的故事里，读到对人性的看法或是什么讽刺精神，是很愚蠢的。我们就随故事发展下去，不要干涉它吧！在那另一个世界，不用男女出轨这类人间戏码作装饰的众多空间，只是一边嘲笑我们这个世界的人太过认真，一边愉快玩耍着。或许，那儿就是中国人称作"桃源乡"的空间。

这故事的结尾说，东晋太元年间（376—396），许彦就任兰台令史，他把铜盘送给侍中张散。张散看盘上所刻的铭文，写着"东汉永平三年（即公元 60 年）制作"几个字。那么，书生是来自三百多年前的时空旅人（time traveler）吗？或者，对书生来说，时间和空间并不存在？我想可能是后者吧！他们不用时光机（time machine）这种不够洒脱的方法来旅行，而只是随心所欲地去自己想去的地方。

在那里，一切现象都被和我们这个世界完全不同的宇宙常数掌控，所以我们这里认定会生出的变化就不会在那边发生了。鹅儿没有惊叫，笼子没有变大，书生也没有缩小。虽然许彦被当成是我们这个世界的人，但是当他被问到"能不能让不合理的事情发生"时，也只能回答说："好。"事实就是如此。桃源乡这些"不合理"的装置，让"不合理"的故事为之展开。但是，它们一定是特别表现在理论上，也就是看似周密却不合实际情形的"纸上谈兵"。

　　中国人的故事世界，看上去荒诞不合常理。中国人不慌不忙、不动声色地驱使语言，以面不改色的神情，静静编织不合理的世界。在那里，书生口中吐出的美女，正一一吐出驱动桃源乡的机关装置。

　　如果有女子问道："可以让我吐东西出来吗？"我们不妨学许彦的回答，说："好！"反正在书生醒来前，还有的是时间。

I 不合常理的地理学

一、宇宙蛋"Kun-lun"之谜

游移不定的黄河源头"昆仑"

"Caput Nile Quere"——这句拉丁文，字面上是"探寻尼罗河的源头"之意，真正的意思是"不可能"。虽然要到近代，世人才明白尼罗河的实际源头，是从西侧注入赤道上的维多利亚湖的卡盖拉河（Kagera River），不过很早以前，就流传着许多有趣的源头说。譬如老普林尼（Gaius Plinius Secundus, 23—79）的《博物志》[1] 提到，尼罗河发源于北非的阿特拉斯山（Atlas Mountain），而后形成尼里底斯湖。其水流在地底潜行数日，涌出地面形成大湖。湖水潜入沙漠底下，又冒出而在埃塞俄比亚附近形成"黑湖"。其湖水成为阿斯达布斯河，转向北流，形成尼罗河。据希罗多德（Herodotus, 484—425BC）说，阿特拉斯山又称为"天柱"[2]。

在我们认定的空间内，有个位居中心的不动原点"宇宙山"[3]。不论东西方，宇宙的扩展，皆是随着以"宇宙山"为起点而延伸出的向量（vector），不断成长发展。在中国，原点是叫作"昆仑"的宇宙山，而代表向量的，大概就是黄河了。在欧洲，过去的非洲地理志，把阿特拉斯山和尼罗河各当作是原点和向量。中国古代的幻想地理书《山海经》，其记述正是采用以山为起点、以河为向量的叙述形式。古代的水文学著作《水经注》，也可说是集此种向量之大成。

　　有趣的是，黄河源头（河源）的传说，竟和老普林尼笔下的尼罗河源头说有着极为相似之处。即是，源自帕米尔高原的塔里木河，向东穿过塔克拉玛干沙漠的北边，再注入沙漠东边的"游移湖"罗布泊。罗布泊的湖水在地底朝东南方向伏流七百公里，然后从青海省的星宿海冒出地面，成为黄河。现在大家都知道黄河的发源地在青海省的巴颜喀拉山，不过根据这个传说，黄河真正的源头是在更西边的位置，也就是自古被视为众神居所的"昆仑"。而且，每当有黄河源头的新消息传来，昆仑在地图上的位置就会改变。这样的昆仑，可说是"游移不定的昆仑"。这传说叫作"黄河伏流重源说"，构成了两千年来中国人由地理认识发展成的世界观中心。有关这个地理学幻想的细节，请参考拙著《星槎——黄河幻视行》[4]，这里就不多谈了。

　　起点昆仑和发源于此的黄河水流的空间函数，也就是存在于原始宇宙蛋，以及从它崩解瞬间即不停流动的悠久时光之流当中的一种时间函数。探究黄河的源头昆仑，或探究时间的源头宇宙蛋，都和探究尼罗河的源头相似。正因为是不可能的任务，才一直深深吸引着人类。

十二万九千六百年的宇宙历

　　在地表上最大的界标昆仑和黄河出现之前，宇宙是怎样形成的呢？有一首诗颂扬这个过程：

> 混沌未分天地乱，茫茫渺渺无人见。
> 自从盘古破鸿蒙，开辟从兹清浊辨。

这首诗载于《西游记》的开头。故事就从对宇宙生成的基本说明开始。大略解释的话，是说天地未形成时，一切都是元气未分、模糊不清的状态，能见到如此景象的人尚未存在。有一位叫作"盘古"的人出现，他拿大斧把混沌（浑沌）劈开，慢慢地，轻的、清的物质往上飘，化作天空；重的、浊的物质往下沉，化作大地。天地自此形成。盘古生前开天辟地，死后身体各部位化成了山川草木，是著名的神话人物。

这里的宇宙生成史，依从十一世纪北宋学者邵雍（1011—1077）的《皇极经世书》之说。如果我们把中国——特别是近世中国——的通俗小说当作"我们宇宙所发生的事件之一"来读的话，会知道它们是被邵雍的宇宙论操控着。明代的通俗百科图说《三才图会》（1609），还附上这个宏大宇宙史的年表"天地始终消息图"。这年表揭示了宇宙的寿命，即一个宇宙从生成到消灭的周期是十二万九千六百年。这段时期称作一元。一元分为十二会（一会为一万八百年），其名皆取自十二地支，如子会、丑会、寅会等。一会分为三十运（一运为三百六十年），一运分为十二世。明弘治十六年（1503），这一年"我们宇宙"的年龄正当六万八千五百二十年。现在是公元 2010 年，在宇宙历上为六九〇一七年。宇宙的起源就是在六万九千零一十七年前。起初，宇宙还是"浑沌"的状态。经过五千四百年，天才形成。"天地始终消息图"如此列出宇宙的"大事"：

宇宙历一〇〇〇年　　　天地未开。

宇宙历五四〇〇年　　　天始开。

宇宙历一〇八〇〇年　　天倾西北。

宇宙历一三八〇〇年　　地略凝。

宇宙历二〇八〇〇年　　　水始流，火始炎上，土始凝，

石始坚，日月始周流有定。

宇宙历二六六〇〇年　　　天地精英之气将凝。

宇宙历二七〇〇〇年　　　人始生。

所幸，现在正值"我们宇宙"的最盛期。接着，来看未来的宇宙吧！

宇宙历七八六〇〇年　　　到此时，如人五十已过，

血气既衰，天地老矣。

宇宙历一〇八〇〇〇年　人类灭绝。

宇宙历一一一〇〇〇年　日月不行，星辰不布。

宇宙历一二三八〇〇年　到此时，水不流下，火不炎上，

土不凝结，石不坚硬。

在宇宙历一二九六〇〇年，"我们宇宙"生命终止，归于"浑沌"。但也就在那个时候，下一个宇宙诞生了。宇宙始于浑沌，也归于浑沌。其间共经历了十二万九千六百年。

盖天说、浑天说、宣夜说

另一方面，从构造上来看，中国古代的宇宙论可略分为"盖天说"、"浑天说"和"宣夜说"三种。盖天说是中国最古老的宇宙论。根据此说，天像一圆盖，覆盖在方形大地上。这就是所谓"天圆地方说"。后来，盖天说进而发展成天和地都呈圆拱形且平行不相连接的"第二次盖天说"。浑天说主张，宇宙浑圆如鸡蛋，大地飘浮于其中有如鸡蛋里的蛋黄，而让大地飘浮起来的物质就是水。相较于

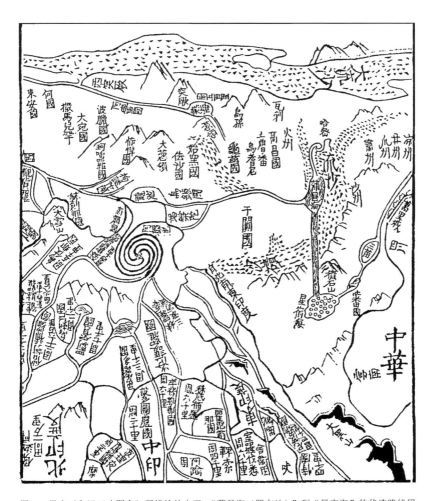

图一：日本《和汉三才图会》所描绘的中亚。"蒲昌海（罗布泊）"到"星宿海"的伏流路线用直线画成。左边有印度世界观里的"阿耨池"，四大河呈螺旋状发源于此。其中一条成为黄河的上流。

盖天说和浑天说的封闭宇宙论，宣夜说则为开放宇宙论。宣夜，即"彻夜观测天文"之意。根据此说，天不是像圆盖或鸡蛋那样的固体，因此日月星辰也非附于其上以运行，而是飘浮在无限的宇宙空间。盖天和浑天，基本上都是圆形的封闭宇宙。

古代的南方中国，有些地方的人会把着上美丽颜色的鸡蛋下水煮一会，再把蛋打破，根据蛋黄形状占卜吉凶。这或许是从宇宙浑圆形状的模型来观察其中所反映的天意。此外，还有彩绘鸡蛋的竞技习俗。蛋在中国民间信仰中所扮演的角色，早已为人指出。而类似西方复活节彩蛋的活动、习俗，在中国也是有的。

用来形容十二万九千六百年间，从开辟到结束的宇宙蛋的"浑沌"，究竟是什么东西呢？我们还得等个六万年，才能见到"浑沌"的真正面貌吧！如果我们屏气凝神仔细观察，说不定能在某处发现七万年前因宇宙大爆炸（Big Bang）而向外飞散开来的宇宙蛋碎片呢。

作为宇宙论的庭园学

人在建造庭园的时候，会依照自己喜好的宇宙形态来作设计。清代（十八世纪）的小说《红楼梦》，可以当成"庭园小说"来读。在第十七回，男主角贵公子贾宝玉等人巡视竣工的"大观园"，在园内各区按其景致题词于匾额、对联之上，作为装饰，如"曲径通幽"、"有凤来仪"、"蓬莱仙境"……这些优美的词句，可说是掌控各区庭园空间的理想原理。因此，贾宝玉等人巡游庭园，无非是一种模仿神创造宇宙的行为。值得注意的是，他们穿过人造洞窟和圆形的门，进入下一个空间。这圆形的门，在庭园学上称为"圆洞门"。

穿过狗洞

中国近代文学家鲁迅（1881—1936）的代表作《阿Q正传》

图二：圆洞门和美女。清末王毅卿绘制的《红楼梦》插图。在此种庭园画中，圆洞门往往占去画面一半。至于其意义，请参见后文《穿洞的月宫》。

（1921），借主角阿Q绝望的一生，揭露中国人病态的国民性。该书第六章写到主角阿Q偷东西的样子：

> 他不过是一个小脚色，不但不能上墙，并且不能进洞，只站在洞外接东西。

这里所说的"洞"，是个什么样的洞呢？我想应指穿墙狗儿专用的小洞，中文一般称作"狗窦"或"狗洞"。

阿Q＝"阿鬼"，即阿Q带有幽灵形象，是很吸引人的说法[5]。

图三：狗儿啊狗儿！你拥有小洞，是幸福的俗物。
清代《燕子笺》插图。

从此说亦能理解阿Q作为落入凡间的天神或邪灵之形象。我们这里的世界（俗界）和那里的世界（仙界），是被山之类的障碍物阻隔着。要到仙界，方法只有两种，不是飞越障碍物，就是穿过洞道。飞翔只有仙界人士才会，我们俗人可做不来。因此，被特别挑选出来的俗人——例如陶渊明《桃花源记》那位迷路后发现桃花源的渔夫——就只有穿过洞窟了。回头来看《阿Q正传》的文章。"墙"是阻隔俗界和仙界的障碍。"上墙"，是用飞翔方法进入仙界，惟有仙人才办得到。"入洞"，则是穿过洞窟进入仙界，由幸福的俗人独享。但这两种方法，都不让阿Q用。能通往仙界且只有被选中之人才可进入的"洞窟"，其最浅显易懂的类比物便是"狗洞"。阿Q连"狗洞"都进不得，真可谓落魄至极。

区隔庭园的墙壁，是把两个性质相异的空间（宇宙）区隔开来的山脉。"圆洞门"的装置，好比是引导进入异质空间的通路，在功能上正相当于欧洲建筑中通往地下室或阁楼（异界）的楼梯。各个空间透过各自的特殊原理来运行。《红楼梦》庭园里优雅的圆形通路和《阿Q正传》穿墙的狗洞，在宇宙论的意义上并没有什么不同，换言之，它们是相同的宇宙蛋碎片。

葫芦为通往宇宙的传送装置

刚刚我说过，中国的庭园学有"穿过墙壁的圆形洞"，即称为"圆洞门"的通道。但是，这种洞或通道的形状，还有圆形以外的许多变种。明崇祯四年（1631）写成的建筑学、庭园学著作《园冶》，作者为吴江人计成（1582—?）。该书卷三将此种洞和窗户统称为"门窗"，并举出圆形、长方形、椭圆形等各式门窗设计样式。该书还提到，莲瓣形和如意形的门窗适合佛堂。作者计成提出二十多种造型，其中有趣的是"葫芦"形，而模仿壶形或瓶形也有好几种。这些形状的门窗至今仍经常使用，如果参观中国的庭园，请仔细观察。话说回来，穿过墙壁的门以及"葫芦"、"壶"的造型，究竟会让人联想到什么呢？

长江下游江苏地区的造园术语"地穴"，指设置在走廊或庭园墙上、不附门扇之门，也就是模仿自"葫芦"、"壶"的开口部分。作为地理学术语的"地穴"，如字面意思所述，系指包含洞窟在内、穿越地底的孔道。我们来玩个联想游戏。造园学的术语"地穴"，是从一座庭园或一间房间穿越到隔壁庭园或房间的门。这个"地穴"，常作"葫芦"或"壶"之形。根据黄河伏流重源说，黄河在地底的隧道"地脉"奔流，再从开口朝外的"地穴"涌出地面。因此，有趣的就是明代以降，地图常画的黄河源头（星宿海）的形状。黄河，竟源自葫芦形的湖！这里的"地穴"，也是个葫芦。

当葫芦被当作庭园和庭园间的通道，即从我们宇宙到另一个宇宙的通道来使用时，葫芦就具有连接两个异质宇宙的传送功能。原本该从葫芦的开口进出，但设计庭园的门时不这样做，而是采葫芦的纵切面，把门设计成"葫芦形"。换言之，葫芦是用看不到的地底隧道，把远方那个空间和我们这个空间连接在一起的"地穴"。

作为传送装置，葫芦内部还藏有一个无限大的宇宙。葫芦是可

图四：（左）壶公向俗人费长房招手，邀他进入壶中的神仙世界。（右）描绘嫦娥乘着飞翔装置的葫芦奔月的插图。均出自明代《列仙全传》。

无限供应水酒的永动机（perpetual motion machine）的寓言，大家可能曾在哪边听过吧？黄河源自葫芦的联想，也是从葫芦这种功能生出的。而这种功能，正是靠内部藏有一个精密宇宙的宇宙蛋构造所维持。壶和瓶，都是以和葫芦相同的原理运作的装置吧！黄河源头的昆仑山，一定也是如此。为了追溯黄河最终的源头，我们终究得和这"昆仑"来对话了。

宇宙蛋"Kun-lun"之谜

"昆仑"是什么？这谜团若能解开，或许才能把中国的宇宙论解释清楚。"昆仑"一词，被认为源自藏语。有一种说法认为，"昆仑"来自藏语的"Gan-Li（Lun）"，意思是"雪山"。

　　"昆仑（Kun-lun）"、"浑沌（Hun-dun）"、"葫芦（Hu-lu）"，
这些前面出现过的宇宙术语，读音上有相似之处。它们在中文里，
自成一音韵学词群。借语音相似来探求语源的工作，在清代开始
特别受到关注。而明代的方以智（1611—1671）和清代的程瑶田
（1725—1814），各自在著作中指出音义相近词的类似性。程瑶田尤
其在所著《果蠃转语记》和《释虫小记》中，指出中文会取同音、
近音词，来命名具相同或相近特征之物，并举"圆形"动植物皆以
声母相近的"k"、"l"命名作例子。日文也有类似情形，如"カラ
カラ回る"（读作"ka-ra-ka-ra-mawa-ru"）、"コロコロ転がる"（读作
"ko-ro-ko-ro-koro-ga-ru"）、"クルクル回る車"（读作"ku-ru-ku-ru-
mawa-ru-kuruma"）。最近的中国，有一位名叫何新（1949—）的研究
者，尝试用"中国神话的音义递变规则"，说明中国诸神由名称上的
联想分化而不断增生的过程[6]。这一词群暂以"昆仑"为代表，读为
"Kun-lun"。"Kun-lun"具有"模糊不清"、"空荡"、"浑圆"、"黑色
的"等形象，而其功能为通往另一个世界之通路。

　　在中国的地理书中，"昆仑"是经常出现的西方名山。即使是这
样的世界名山，也十分善变。实际上昆仑就有好几个。最大的原因，
诚如开头所言，每当传来河源位置的新报告，昆仑的位置便随之改
变。如果只是这样，倒也还好，可是除了西方的昆仑，还有数个位
于南海的"昆仑"。例如，其中一个南海的昆仑叫"Poulo Condore"，
即马来语"南瓜岛"之意。说到南瓜，拉丁语用来指称葫芦、南瓜
的"Cucurbita"，和Kun-lun同属一类。涩泽龙彦（1928—1987）《龙
彦国趣闻集》（《ドラコニア綺譚集》）所收的《谈南瓜》（《かぼちゃ
について》），会让人联想到"Cucurbita"的宇宙意义，请务必参考。
至于南海的昆仑，请参考后文《航向不死之山"昆仑"》所述。

　　"昆仑"也作为民族名，一指带来西域美玉的西域人，另一指汉

代以来从南海渡海来到广东一带的鬈发黑人。后者自唐代以来泛指东南亚人，连带产生"昆仑奴"、"昆仑舶"、"昆仑乐"等词汇。就像这样，西边有数个昆仑，南边也有数个昆仑。即使作为大地支柱的昆仑专指西方的昆仑，其他昆仑依旧是那实际上只有一个的"Kun-lun"，一边咕噜咕噜地转动，一边变化出各种形貌罢了。"Kun-lun"到处都不存在，也到处都存在。它是对目击宇宙开辟瞬间的宇宙蛋形状所留下模糊记忆的再生，也是我们找寻的"浑沌"蛋的碎片。这个宇宙蛋"Kun-lun"，在道教的世界，就变成"太极图"之类的应有形貌。

馄饨中的宇宙

有一块宇宙蛋，飘浮在那拥有无数富含生命可能之凝聚层（coacervate），且作为原始之海的中式浓汤上。这块宇宙蛋，叫作"Hun-tun"。"Hun-tun"也是属于"Kun-lun"词群的宇宙术语，现在中文写作"馄饨"[7]。"馄饨"用日本汉字音来读的话，读作"コントン（Kon-ton）"，不过最初是以广东话发音"Wan-tan"传入日本的。馄饨是一种以面皮包入馅料的扁形食品。馄饨和蛋一样，都是在民间信仰中扮演重要

图五：分别代表阴阳"二"仪的两人，正回归为极大合"一"的球体"浑沌"。

角色的食品，摹写了六万年后未来社会情状的宇宙蛋残余部分。

总而言之，宇宙即是葫芦，即是馄饨。无论文学作品、地理学、建筑、器物或食品，只要经过中国人之手，这个宇宙蛋 Kun-lun 便会一边哄着"浑沌"的基因入睡，一边不断改变形貌潜藏。正因为中国人在"吃"一事发展出独特的哲学，馄饨里才包入了他们的宇宙论。这个轻飘飘、难以捉摸、名叫"馄饨"的宇宙，中国人把它吃进肚里，让它到体内的小宇宙去还原。

寻找叫作"浑沌"的宇宙蛋

《庄子·应帝王》里有一则"浑沌（Hun-dun）"的神话广为人知。话说，远古时代，中央的帝王是没有眼耳口鼻的浑沌。南海的帝王和北海的帝王觉得这样的浑沌很可怜，想帮他凿出眼耳口鼻等七窍。于是他俩每天替浑沌凿一窍，等到第七天，七窍凿成，浑沌却死了。这就是有名的"七窍成而浑沌死"。如果要把这则神话当成寓言，是各位的自由。但这种没有眼耳口鼻的存在，一如其名，是把原始浑沌的宇宙蛋给拟人化了。

吉拉道特（N. J. Girardot）在其著《早期道家的神话与意义——浑沌主题》（*Myth and Meaning in Early Taoism: The Theme of Chaos [Hun-tun]*）指出，在音韵学上有相似名称的浑沌的众兄弟，存在于世界各地。如果要举一位代表人物，就是以《鹅妈妈童谣集》（*Mother Goose*）和路易斯·卡若尔（Lewis Carroll, 1832—1898）[8]的《爱丽丝镜中奇遇》（*Through the Looking-Glass, and What Alice Found There*）而出名的、那位英国民间传说中奇特的蛋头人（Humpty Dumpty）。《鹅妈妈童谣集》有首童谣说蛋头人"摔下了墙，就算聚集了国王所有的人马，都无法修复它"[9]。这是因为，蛋头人其实是个"蛋"，一破掉就无法复原，可说是类似宇宙大爆炸的存在。《鹅妈妈之歌——英国的传承童谣》[10] 的作者平野敬一（1924—2007）也说："古代创世神话里的宇宙蛋，似乎跟这个 Humpty Dumpty 有所关联。"浑沌和蛋头人，都是关于远古宇宙蛋崩裂和崩裂瞬间宇宙诞生的记忆。

在本章结束前，让我们一边回想《庄子》的浑沌神话，一边倾听蛋头人对爱丽丝提出的建言：

> 你的脸像每个人的一样，有两只眼睛（说着时用大拇指指了指他的眼睛），中间是一个鼻子，鼻子下面是嘴。都是这个样子。假如你的双眼长在鼻子的同一边，或者嘴长在头顶上，那就容易分清了。

（《爱丽丝镜中奇遇》）

蛋头人和浑沌王虽然都是最早被拟人化的宇宙蛋，但是对外表的看法，也就是东西方各自所决定的宇宙特征，并不一致。如果西方人的宇宙论和中国人的宇宙论之间，真有那无法填补的差异，原因或许就在于此。

二、黄河源头为葫芦

黄河源头的星宿海，散布着大大小小的湖泊。从高处俯视，这些湖泊在阳光照耀下闪闪发光，宛如夜空中闪烁的群星。星宿海之名即由此而来。

清乾隆四十七年（1782），鉴于黄河在河南省青龙冈决口泛滥而防堵不成，乾隆帝便命乾清门侍卫阿弥达探查黄河源头并告祭河神。

黄河是孕育中国悠久文明的大河。那么，它的源头在哪儿呢？

能立即回答这个问题的人，恐怕不多。

中国西部地区的青海省，其中央偏南处有巴颜喀拉山。发源自此山西侧的黄河，在大小湖泊如群星般散布的广大潮湿地带——星宿海之中，引着数条河道东流，注入扎陵湖的西侧。接着从扎陵湖南岸流出，向东注入鄂陵湖。随后，从鄂陵湖北岸流出，绕着阿尼玛卿山向左转了一百八十度的大弯，再向东穿越青海省东部。在通过甘肃省兰州市后，开始滋润中原大地。

从北京出发的阿弥达，他的目的地正是这个青海省中部。阿弥达的旅程简记于《湟中杂记》内。该书如此描述黄河源头的情况：

> 又行三十里，至噶达素齐老地方，乃通藏之大路。西面一山，山根有泉流出，其色黄，询之蒙番等，其水名阿勒坦郭勒，此即河源也。

然而，同年七月二十二日，乾隆帝根据阿弥达的探查报告颁布谕旨，其中有这么一段：

> 又阿勒坦郭勒之西，有巨石高数丈，名阿勒坦噶达素齐老。蒙古语"噶达素"，北极星也；"齐老"，石也。其崖壁黄赤色，壁上为天池。池中泉喷涌，酾为百道，皆作金色，入阿勒坦，则直黄河之上源也。

前者只是举出地名"噶达素齐老"，并称其西侧之山涌出之水流乃黄河源头。后者则注意到"阿勒坦噶达素齐老"即"北极星石"的存在，认为其上的天池为黄河发源地。后者若当成故事来读，要比前者有趣得多。它能让听到阿弥达报告的人自由扩大想像空间。

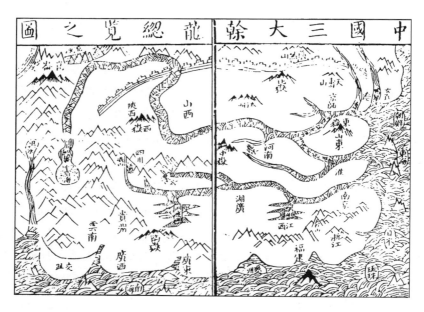

图六:"中国三大干龙总览之图"(徐维志《地理人子须知》所载)。黄河源头的星宿海,横卧在昆仑的山脚下。

井上靖(1907—1991)在小说《昆仑之玉》里如此描写黄河的源头:

> 当他们费尽力气爬到岩壁上方,正是日头当顶的中午时分。这儿有座新湖,大小和星宿海当中的一个湖差不多。一行人之中没有人认为那是湖泊,乃是由于湖面不断剧烈起伏,而且那并非一般的水波起伏,而像是有什么东西从水底不停往上冲那样,整个湖水都在剧烈晃动、奔腾。卢氏他们并不知道,阿弥达也曾站在同一个地点。

由于阿弥达的报告和黄河源头一带的实际情况出入甚大,所以近现代的研究者当中,也有人指责阿弥达探查不力、敷衍了事。"北

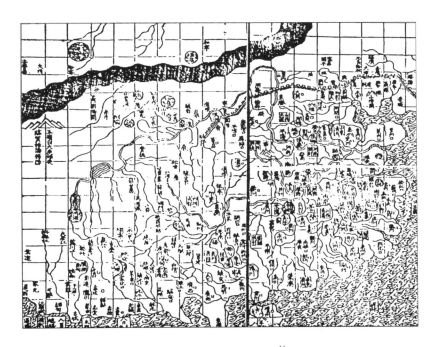

图七：罗洪先的《广舆图》。这幅地图以"计里画方"法绘制 [11]，为其广为人知之处。或许受此制图法连带影响，南海的岛国也画成了四方形。

极星石上面的天池乃黄河源头"的报告，或许反映了当地的民间传说，也或许只是阿弥达凭空捏造的。无论如何，"北极星石"这个名称，暂时先记起来吧！

自古以来，记载黄河河道的地图为数甚多。现在来看一幅有趣的地图：十六世纪后期，明代刊行的通俗地图"中国三大干龙总览之图"。这图一看便知画得很随性洒脱，所以应该不是根据正确的测量结果画成的。当时已有相当正确可靠的地图，像这种草率的地图，大概就没有什么参考价值吧？错了，草率的地图，并不是毫无意义的。正因为它是随性画成的作品，应该会以更直接诉诸感官的形式，表现当时世人的空间认识和地理思想。即使现代的我们，不也得常常仰仗图解地图吗？这幅地图还引出了各式各样的问题，首先该注意的是黄河源头的画法。

地图左侧，上半部呈几字形弯曲的河流就是黄河。其源头是在图中靠西处。在倒过来写的"黄河"二字下面，可以看到"星宿海"三个字。前面提过，星宿海是位于扎陵湖和鄂陵湖西边的广大沼泽地，但明代常把星宿海和扎陵、鄂陵二湖混为一谈。"星宿海"的名称，总让人联想到很大的湖。不过，仔细看这幅地图，"星宿海"三个字的周围画有数个小小的圆形，大概是为了和一般的湖泊作区隔。

不管星宿海是湖还是沼泽地，总之有趣的是它的形状。星宿海在此图中被画成是上部小、下部大的两个圆形连在一起的"葫芦形"。

与此相似的画法，还出现在同样成于明代、罗洪先（1504—

图八：《西游记》第三十六回的插图。

1564）的《广舆图》内。在这幅地图中，星宿海呈葫芦形，其内侧填有许多波浪形状的线条。此图其他湖泊全都画成圆形，如果误以为扎陵、鄂陵二湖是星宿海，再把它们靠在一起画，自然就成了葫芦形。但是，只是因为这样的理由才画成葫芦形吗？

《西游记》里有无数妖怪阻挡唐僧师徒一行人前往天竺。其中，孙悟空大战金角、银角的故事，对日本读者来说也是耳熟能详的。那位银角大王珍藏的宝物，是纯金打造的红葫芦。只要把红葫芦倒过来拿着喊人的名字，对方一回答，立刻就被吸进里面，然后贴上"太上老君急急如律令奉敕"的封条，过一段时间，人就化成脓水。这葫芦里的空间，能装下一千人。

红葫芦原本是太上老君盛放仙丹的用具。后来，看守银炉的童子偷了它下凡，在凡间变成无恶不作的银角大王。

悟空为了夺得这个宝物，用毫毛变出一个假的红葫芦。悟空骗那身上带着真葫芦的小妖说："你这装人的，何足稀罕？我这葫芦，连天都装在里面哩。"顺利地用假葫芦换到了真葫芦。

葫芦干燥后，可以保存很久，因而自古以来被当作容器使用。特别是中间细窄的部分便于系上绳子，旅人把药品放在葫芦中，随身携带。而广东的水上居民往往把葫芦绑在小孩腰间，一旦小孩落水，葫芦可当救生圈，让小孩浮起来。太上老君用葫芦盛放仙丹灵药，葫芦的形状在中国还是中药店的标志。携带葫芦的道教诸神，除太上老君之外还有很多。明代的长篇小说《封神演义》，为神仙妖魔、奇人异士斗法混战的故事。在这部小说登场的特异人物中，有好几位都是用葫芦当武器。

中国的老人有把铜制或旧棺材制的葫芦造型饰品戴在头上或手腕上的习惯。这葫芦形饰品正是长生不老的象征。

八仙之一的李铁拐，随身也带着葫芦。某天，李铁拐灵魂出

图九：李铁拐及其葫芦。

图十：《宝葫芦的秘密》封面。

窍，前赴太上老君之约，不知情的徒弟误以为他已仙逝，将其肉身火化。李铁拐的灵魂归来后找不到肉身，只能附身在附近饿死的跛脚乞丐尸身上。他所持葫芦的开口，冒出一道烟雾，象征他的灵魂已从肉身解放出来。

如同孙悟空拿出假葫芦后谎称"我这葫芦，连天都装在里面哩"，葫芦那近似无限大记号"∞"的形状，就像是连接我们这个宇宙和另一个宇宙的通道，也是道教中心思想——追求无限和永恒的象征。

各位知道张天翼这位作家吗？他是中国著名的儿童文学家。其作品《宝葫芦的秘密》（1958）开头如此写道：

> 我来给你们讲个故事。可是我先得介绍介绍我自己：我姓王，叫王葆。我要讲的，正是我自己的一件事情，是我和宝葫芦的故事。你们也许要问："什么？宝葫芦？就是传说故事里的那种宝葫芦么？"不错，正是那种宝葫芦。可是我要声明，我并不是什么神仙，也不是什么妖怪。我和你们一样，是一个平平常常的普通人。

少年王葆，自从幼时听奶奶讲了宝葫芦的故事，不时想起这个故事，甚至在解算术题的时候，看到数字"8"还会想到宝葫芦。有一天，他终于得到宝葫芦。这宝葫芦能让持有者拥有想要的东西——众所周知，在□□□□□□□*的政策下，绝不容许无科学根据的现象发生。是故，故事便以"宝葫芦的奇特事件不过是一场梦"作收尾，并在留下"不能仰赖外力"的教训后落幕了。

总之，王葆和中国读者所听闻的宝葫芦故事，是个什么样的故事呢？下面就来介绍这个名叫"宝葫芦"的民间故事。

从前，有一个人生了个儿子，长到二十来岁，还是肩不挑担，手不提篮，终日在外浪荡。外人便给他起了个绰号，叫作大懒龙。

没有几年，大懒龙的父母死了。可是，他不但不学着劳动，反而还学上了许多不正当的事情：吃、喝、嫖、赌，样样都干。不到几年，就把父母遗留的房屋、田地都卖光了，卖得连半间破房也没有。他只好住到一座破庙里，靠要饭过日子。他的日子过得很苦，走到哪里哭到哪里，一双眼睛也哭肿了。

一天，大懒龙出庙去要饭。他怀里抱着棍，手里拿着碗，一面走一面哭，走呀哭呀，哭呀走呀，在路上遇到一个拿着葫芦的老头儿。

老头拦路问道：

"年轻人，你哭什么？"

大懒龙哭哭啼啼地把自己的情形告诉了他。

老头很可怜大懒龙，便对他说：

"别哭吧，小伙子，你跟我回家种葫芦，跟大伙儿一起刻苦勤做，今后就有饭吃了。"

于是，大懒龙就高高兴兴地跟老头儿去了。

大懒龙到了老头家里一看，只见好些人在屋前的一块葫芦地里劳动着，锄地的锄地，浇水的浇水，每人都服侍着一棵葫芦。

老头领着大懒龙在葫芦地里到处看了一遍，指点他应该怎样服侍葫芦，最后指定了一棵葫芦要大懒龙服侍。

吃饭的时候到了，大懒龙跟着大家到了老头的屋里。屋里只摆了几张空桌子，并不见有饭摆出来。等人到齐了以后，老头才拿出一个葫芦，丢在桌上，用手一拍，嘴说要什么饭菜，马上就有什么饭菜热气腾腾地出现在桌上。屋子里充满了饭菜的香气。大懒龙从来没有吃过这样好的东西，心里很惊奇。其实这并不是一个普通的葫芦，而是一个宝葫芦。

老头对大懒龙说：

"你们只要加劲干活，不亏待葫芦，等地里的那些葫芦长起来以后，给你们自己拿去，也是要什么有什么。"

大懒龙听了，自然很高兴。他巴不得一眨眼的工夫那葫芦便长起来。

起初，大懒龙干起活来，跟别人一样下劲。可是日子一长，他见干活时没人催促，做多做少，也没人知道，吃饭的时候，到老头那里还是同样有好饭好菜吃。于是，他便一天比一天懒起来。人家种葫芦，每天锄三遍，每锄一遍浇三担水。因为他们干活时下劲，每担水里都滴进自己的汗水。可是，大懒龙种葫芦，每天只锄两遍，也少浇水，做活不下劲，水里一滴汗也没滴进去。他认为：天天锄天天浇，就是少锄一遍，少浇点水，水里没有汗，谁能看得出呢？葫芦还不是一样地长吗？

葫芦快成熟了，大懒龙种的那个葫芦，和旁人种的居然长得也是差不多大。葫芦收起来以后，老头分给每人一个，大懒龙种的那个葫芦，老头就分给了他。

这天吃饭的时候，老头对大家说：

"你们种的葫芦都收起来了，现在每人都吃自己葫芦里的饭菜吧。"

各人都拿出自己的葫芦，丢在桌上，用手一拍：和老头那个葫芦一样，他们嘴说要什么饭菜，立刻就有什么饭菜出来。只有大懒龙的那个葫芦跟别人的不同，虽然要的是好饭好菜，但出来的却是稀粥和糟糠饭[12]。

不论张天翼的童话作品，或是中国华东地区的民间故事，葫芦象征的都是能无限生出物质的产道。

话说回来，黄河的水到底要流去哪儿呢？可能已经有读者开始感到口渴了吧！在此必须提供些水才行。

泽田瑞穗（1912—2002）所编的《燕赵夜话——采访华北传说集》（采华书林，1965），收录了河北省涿县的传说"乞雨与葫芦"：

> 斗门村有位姓顾的老人，平日常行善，赢得村人的尊敬。由于老天长期不下雨，顾老人就背着葫芦，走到距斗门村有六十里远的白玉潭，把葫芦投入那里的泉水中，让葫芦装满了水，带着它回到村子。然后把葫芦供在村里的龙王庙，不久雨就下了起来。

龙王怎样处理葫芦里的水，还有葫芦在此拥有什么样的功能，我们并不清楚。但是，各位应该同意，器物中这种微量的水，和龙王所操控的巨量的水，似乎是同时发生、存在的。这可说是彼此套在一起的套合式构造宇宙。

再回过来看先前介绍的明代地图。我说"黄河源头简直就像是葫芦"，是因为我自己单纯直接的思考模式。像我这种漫画式的想法，只会落得被大家痛骂的下场吧！但现在我认为，以此角度来观看这幅地图，或许才是正确的方法。那么，在什么情况下，才能允许我们用欣赏漫画的眼光来看这幅地图呢？ 答案不外乎这地图原本就被当成漫画来画。

尤其是"中国三大干龙总览之图"，大胆地强调主要的山岳江河，即五岳四渎，将之画入图中，并略去次要的山川不画，准确地表现出中国版图"北、西、南方为山所围，东方为海所阻"的西高东低特征。从这点来看，这幅地图的确易于理解。而且，作为汉民族文化摇篮的黄河，其水流必须是连绵不绝的，于是索性在它的源头处画上具有无限容量的巨大宝葫芦。这样的作画意图，应该也很容易理解。比起最近的图解地图，用熊或长颈鹿来代表动物园，这幅地图可说更富童心童趣呢！

葫芦是仙人应有的象征永恒之物，以及影响远及现代儿童文学之微观宇宙的产道象征，也是带来天界之水的容器—— 在这地图绘制成的明代中期，这些葫芦形象，作为串连民众想法的连通器而确立、流布。不仅当时插图画家抱持"永恒的黄河之水实际是从宝葫芦的开口涌出"的想法作画，约于此时期成书的《西游记》和《封神演义》，在内容题材上也和这些葫芦形象脱不了关系。置身此种氛围的当时民众，对那些明代小说中的"葫芦成分"，一定比我们现代人读得更津津有味。

拜葫芦的魔力之赐，我们在这边耽搁太久时间，现在该来到乾隆帝的时代了。黄河之水，是从石山"北极星石"上的天池涌出来的。

说到涌出水的石头，会让人想起日本江户时代收藏家木内石亭（1724—1808）的故事。

以石头收藏家出名的石亭，从某行脚僧手中得到了一个珍奇的石头。那是像拳头一样大的黑石，凹陷的部分含有水气，一把它放在砚台上，就会滚滚涌出干净的清水来。见此，石亭非常高兴，把石头珍藏起来。有一天，一位老翁看见此石，就对石亭说："这种会生出水气的石头，内部大概有龙潜伏着。一旦龙飞上了天，事情就麻烦了。还是尽早把这石头扔掉吧！"石亭没有听老人的劝，结果就在某个阴天，那奇石开始异常地冒出大量水气。石亭大惊失色，赶紧把石头送到村外神社的祭堂上供奉。当晚，果然下起雷雨，只见祭堂中一团黑云生出，有某物升天而去。隔天，村人到祭堂一看，奇石已裂成两半。

石亭的故事收录于江户时代的奇闻集《耳袋》。同书还有一则故事，讲述长崎有一位唐人[13]想跟日本人购买会生出水气的奇石。此石内部，住有活生生的小鱼。后来日本人不小心把石头打碎，小鱼随水流出，没多久就死了。这则故事以《长崎的鱼石》为题，收于柳田国男（1875—1962）的《日本的民间传说》（《日本の昔話》），或许还有人有印象。

中国的故事当中，有相当于上述日本故事原型的作品。日本故事里的日本人，在中国的故事里变成了中国人，而唐人则变成了胡人。学者石田干之助（1891—1974）和泽田瑞穗曾将中国这些故事汇整起来，名为"胡人采宝谭"加以介绍。这些故事的具体内容，请参见石田的《长安之春》[14]和泽田的《金牛之锁》[15]。然而不知何故，这些故事里的珍宝，有不少都和水关系匪浅。

例如"水珠"，是"每军行休时，掘地二尺，埋珠于其中，水泉立出，可给数千人"的珍宝（见唐代牛肃《纪闻》，转引自石田《长安之春》）。此外，还有一种宝物"清水珠"，"若置于浊水，泠然洞彻矣"（见唐代张读《宣室志》，转引自石田《长安之春》）。

明代弘治年间（1488—1505），有位回回（回族人）在山西省某处见到一山泉，用千金买下了它。

"回回即取斧凿，循泉破山入深冗，得泉源，乃天生一石，池水从中出。即异出将去。"当地的县令觉得事有蹊跷，问他这石头是何物，回回答说："天下惟二宝耳，水火是也。假令无二宝，人能活耶？ 二宝自有之，火宝犹易，惟水宝不可得，此是也。凡用汲者，竭而复盈，虽三军万众、城邑国都，只用以给，终无竭时。"（见明代陈洪谟《治世余闻》，转引自泽田《金牛之锁》）

荣格（C. G. Jung, 1875—1961）在阐释炼金术最大秘密"原始物质"[16] 的普遍存在性时，引用了十五世纪英国炼金术士乔治·里普林（George Ripley, 生卒年不详）对"生出永恒之水的石头"的见解[17]。而水珠和水宝，也可说是在此概念上把石头视作是一种物质了。

而且，胡人采宝的题材里，特殊空间——也就是缺水沙漠——这种氛围的西域幻想，正不断散发出来。

根据阿弥达报告润饰而成的"北极星石"上的"天池"，应该也有以上形象参与它的形成过程。如此说来，在黄河源头增设此神秘系统，即"生出永恒之水的石头"，得以在遥远河源处成形的功过，就不能只由阿弥达和乾隆帝两人来承担，还要归于一再谈论出水之宝物，并希望自己居住的宇宙能变得更美好、更生生不息的全体民众的想法。

读到开头处关于黄河源头的乾隆帝谕旨时，我不禁想起跟这位皇帝有关的一件事。

乾隆帝早在阿弥达探查河源的二十多年前，便命法国耶稣会士蒋友仁（Michel Benoist, 1715—1774）在圆明园内建造妙趣横生的喷泉装置和迷宫花园。各位觉不觉得，黄河源头的系统，就是乾隆帝所喜好的巨大的天然出水装置呢？ 乾隆见到传教士带来的一幅西洋铜版画，对画中的喷泉很感兴趣，才命人设计建造喷泉。传说伊甸园的中心处有四条河川发源的涌泉，为了仿造这水系，欧洲的造园技术也就得研发兴建各式出水装置。欧洲人的永动机研究，有一部分和那毋需人力的喷泉汲水装置的研发工作有所关联，这点值得大

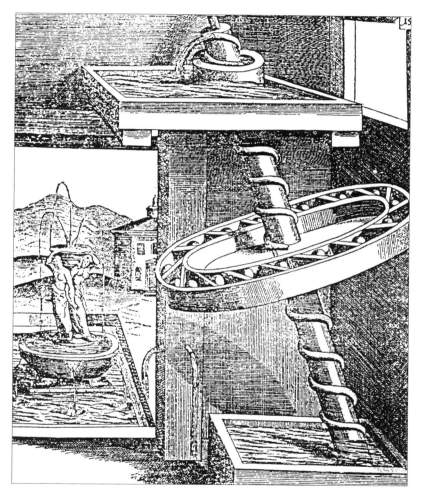

图十一：供给喷泉动力的永动机。出自乔治·安德烈·伯克勒（Georg Andreas Böckler, 1644-1698）《新式机器的剧场》（*Theatrum Machinarum Novum*, 1661）。

书特书。

模仿伊甸园水系建造的喷泉所蕴含的欧洲传统精神缩影，透过一幅铜版画，传到欧亚大陆东端的皇帝手上，与中国传统精神相调和，在象征版图的广大庭园内，形成了神圣的喷泉装置，作为园内天然的永动机。对永恒帝国的庭园来说，还有像永动机那样合适的配件吗？

栖息于黄河源头的精灵，有时操纵满族皇帝，让北极星石在版图上成形；有时又操纵明代插图画家，画出巨大的宝葫芦。宇宙和想描绘宇宙的人类之间，受到某个不可思议的原理所掌控，而画出这样的图形，不分圣俗。也就是说，当人类企图描绘现实的宇宙，在不可抗拒的想法作用下，被画出的并非眼前所见的宇宙，反而是人类寻索他们认为宇宙该有的模样，所画出来的。

最后，附带说明一下。

趁着阿弥达带回探查报告的机会，乾隆帝计划编纂一部考察黄河源头的全新著作。不久后，编成了《河源纪略》全三十六卷。读该书讲北极星石的段落，有趣的是下面的说法：

> 巴彦哈拉岭之麓，为阿勒坦噶达素齐老。灵源濬发，伏流始出。

自古以来，"青海省的黄河源头实为第二源头"的奇特说法——"黄河伏流重源说"，在中国一再被人提出讨论。此说内容为，发源于帕米尔高原的塔里木河，沿着塔克拉玛干沙漠的北边（天山南路）向东流，再注入沙漠东边的罗布泊。这注入罗布泊的水，在地底伏流七百公里后，从青海的第二源头冒出地表，成为中国的黄河。历代对此说正确与否的讨论，正构成了中国河源论争的主干。

乾隆帝命臣下编纂的《河源纪略》，对阿弥达报告作了进一步润饰，是历来规模最大、亦是最后一部赞同接纳此宏大假说的著作。仔细查证《河源纪略》里伏流重源说的内容，以及历代关于此说的论争，应该可以把人类耐人寻味的真实一面，原原本本暴露在我们面前吧！不过这要等下次有机会再谈了。各位，请先别慌。只要黄河源头是宝葫芦，黄河之水就永远不会干涸。

三、航向不死之山"昆仑"

西方的昆仑和南方的昆仑

中国人的神话世界，耸立着叫作"昆仑"的宇宙山。从中国人的生活圈来看，昆仑位于遥远的西边。死者为了升天，会先来到这座山。这座山被视为支撑天的"天柱"，顺着它便能上天，而且这里还是众神的居所。说来，昆仑只是借山的形状，把暂称为"Kun-lun"的中式宇宙显现出来（参见前文《宇宙蛋"Kun-lun"之谜》）。

针对此性质的昆仑所作的描写，散见于先秦以降的书籍。根据这些书的记载，数条大河发源于昆仑山麓，其中一条便是黄河。

汉武帝时代完成远赴西域之壮旅的张骞（?—114BC），把关于西域民族和黄河源头的新消息带回中国。这些新消息，被司马迁写进《史记·大宛列传》里。事实上，张骞并没有亲自查证过黄河源头，其相关消息似乎得自传闻。后来却衍生出黄河和张骞的奇特传说，即张骞乘槎溯黄河而上，等回过神时，已抵达黄河的源头，也就是"天河"。张骞乘槎溯源的传说，见于六朝时代的《博物志》、《荆楚岁时记》等文献，但也有文献用"某位男子"来代替张骞。传说中主角前往河源处的方法，即"浮槎"、"泛槎"、"乘槎"等词汇，就这样成了象征赴天或至远方壮游的诗语。

图十二：描绘张骞乘槎的插图。出自清代《无双谱》。

中国人的地理学，还存在着跟这些昆仑看似非完全无关、出自另一系统的"昆仑"群或"昆仑山"群。称之以"群"，是因为它有很多兄弟。这就是相对于先前"西方的昆仑"之称的"南方的昆仑"，它们可是屹立于海中的。

"南海的昆仑"，略指中南半岛南部、马来群岛的居民和国家，以及部分迁徙至非洲东岸的印度洋原住民。他们的语言、文字分别称作昆仑语、昆仑书，他们的船称作昆仑舶，从这里带回来的奴隶则称为昆仑奴。

"南海的昆仑"这个名称的由来，目前有许多说法。例如，马来语"Gunong Api"（火山）的"Gu-nong"音译说，高棉语"王"的称号"Ku-run"的音译说，还有某处地名或民族名称的音译说。

此外，南海也有"昆仑"的地名，《岛夷志略》、《郑和航海记》等文献皆有记载。此名称一般系指马可·波罗（Marco Polo, 1254—1324）报告中提到的、位于越南南岸的康多岛（Poulo Condore, Dao GonLon; 即马来语的"Pulau Kundur"、高棉语的"Koh Tralach"），但"Condore"原本的意思是"南瓜"。这昆仑山周边的海域，也就被称为"昆仑洋"或"浑沌大洋"，自古以来和"七洲"，即现在的

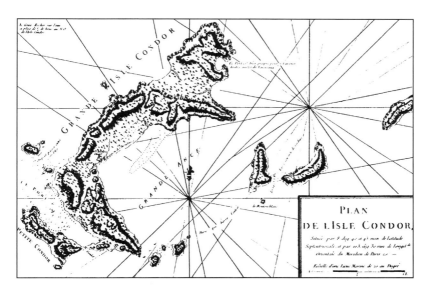

图十三：法国人阿普雷·德·曼内维雷特（Jean-Baptiste d'Après de Mannevillette, 1707-1780）绘制的康多岛地图（Plan de L'Isle Condor, 1775）。

西沙群岛，并列为危险海域而闻名于世。宋代的《梦梁录》即云："去怕七洲，回怕昆仑。"明代的南海冒险小说《三宝太监西洋记》第三十三回也有"上怕七洲，下怕昆仑。针迷舵失，人船莫存"的说法。中国人用"骨仑"、"掘伦"、"军突弄"、"军徒弄"等其他汉字来标示南海的昆仑，甚至还把遥远非洲东岸的马达加斯加岛周边，认作是同一类的南海昆仑。

混乱的昆仑

在这里，我不打算指出同一类的南海昆仑还有哪些。可是有一件事，我实在搞不懂。那就是，神话中西方的昆仑，从古代便已确立固定不变的形象，南海的岛屿、地区，就算当地的发音和"Kunlun"类似，翻译时为何还是用一样的"昆仑"二字呢？既然西方已经有座昆仑山，南方的昆仑跟它也毫不相关，改用其他发音类似的字很合理吧！

就因为昆仑有两个系统，后世的中国人不想弄混，只得另加解释。清代陈伦炯《海国闻见录》卷上"昆仑（又呼昆屯）"条就说："昆仑者，非黄河所绕之昆仑也。七洲洋之南，大小二山屹立澎湃，呼为大昆仑、小昆仑。"这里的昆仑，指前述的"康多岛"。"这昆仑和咱们熟知的神山昆仑可是不同的。"非得事先如此声明的中国人祖先，为什么要用同样的汉字"昆仑"呢？

正因为是中国人，才使用了相同的汉字。在西方有昆仑的情况下，用上同样的昆仑二字，应该不是凑巧。再说，也不太可能是在不知道西方有昆仑的情况下，使用同样的字。换言之，中国人用汉字来标记南海的地名时，出于某些理由，不得不特意使用和西方相同的"昆仑"二字。这样来想，才比较合理。

如今所能见到中国人画的世界地图，年代并不是很久远。不过，还是把那些地图收集起来，以重现古代人所描绘的世界形貌。

到了明代，利玛窦（Matteo Ricci, 1552—1610）的世界地图刊行后，中国人不得不修正对世界地理的认知。这种修正并非突然间都变了样，而是开始在原有的中国地图内加入欧洲知识。明代之前，一般中国人的地理观没有中南半岛，而且海岸线是笔直地从中国连到印度去，东南亚各国都挤在方形大陆的西南部，从那儿往正北方看过去，可以见到昆仑山。这和我们所知道的世界地图完全不同。现在如果把西方的昆仑（这当然不是指今日的昆仑山）和东南亚的昆仑都记在地图上，各自的方向既然完全不同，应该无法从东南亚的昆仑见到西方的昆仑。然而，中国人手中的地图，或说在他们心中的大地上，黄河源头的昆仑山，就位于距现在我们所说的东南亚地区不远的位置上。

通往昆仑山的海上航路

南海上称为"昆仑"的国家和岛屿，就像这样被视为位于西方昆仑山的不远处。对汉民族来说，在他们地理观里占最大比重的"昆仑"，应该还是指西方的昆仑山。在此，我要提出一种假说，即南海的昆仑和西域的昆仑其实指同一座山。除了张骞所采用的向西通过沙漠，以接近昆仑的著名路线外，另一条乘船到南海，在海上向西行进的路线，也是自古以来，从神话、传说所衍生，靠近西方昆仑山的方法吧！

根据通说，中国人的远程航海，始于公元三世纪以降。但是，李约瑟（Joseph Needham, 1900—1995）在其《中国的科学与文明》

图十四：《三才图会》的"中国三大干图"。在相信这幅地图的人看来，离开南海后沿黑水而上，可能会距昆仑越来越近。

（*Science and Civilisation in China*）的《航海技术》一章里认为，成书于公元一世纪的《汉书》，关于南海地方的记载，还能追溯到公元前一世纪，即汉武帝的时代。而法国的汉学家伯希和（Paul Pelliot, 1878—1945）推测，中国的使者在汉代就已到过印度洋以西的地方。

以下是我的想像。古代神话中昆仑传说的题材，虽模糊但已具雏形之际，古代的中国人也许就有到南海后向西行，不久就能抵达昆仑山的想法。例如，除了黄河以外，源自昆仑且向南流的大河，先找到它的河口，再从河口溯流而上，以至昆仑，这想法在理论上是可行的。"与其沿着黄河穿过妖怪横行的恐怖沙漠，征服昆仑，不如走海上航路到昆仑，还比较容易。"南中国说不定也有如此推想的勇士。那些不曾在历史上留名的、古代中国的哥伦布，发现屹立在地平线上的大山时，也许以为自己到了昆仑山，而且还给那座岛取名为"昆仑"。历史上的哥伦布就是一路往西航行，直到望见远方的新大陆，而以为自己来到了印度。

消失的南海昆仑传说？

这种走南海航路到昆仑的计划，应是在汉武帝的时代才销声匿迹。由于张骞带回来的惊人报告，汉帝国开始关注西域。汉朝政府整修好陆路后，多次派遣使者出使西域诸国。与此同时，南海昆仑传说悄悄隐匿了行迹，只有在远古航海者误以为见到昆仑山的岛屿，当地才会留下"昆仑"之名，然后这传说渐渐从中国汉民族自身的记忆中消失了。到了后世，只要有南海地理的相关消息传入，祖先留下的南海地名，也会再次载于文献之中。

李约瑟曾介绍昆仑分为两个系统的假说，用以说明昆仑从中亚移到东南亚的现象。其中一种假说指出，东南亚当地有发音近似"Kun-lun"的地名和民族名。不过，根据前面所讲的理由来看，这种说法无法让人认同。另一种则为马伯乐（Henri Maspero, 1883—1945）等人提出的假说。此说认为，昆仑开始为人所知，和绕着青藏高原走陆路来到中国的印度商人有关，后来改走海路和印度通商，昆仑也就移往南海去了。此说所指的昆仑是相同的，正解答了我的疑惑，应该比当地地名音译说来得合理。但我认为，其实不是昆仑"移往"东南亚，而是如前所述，不管走陆路或海路，最终都能到达同一座昆仑山。

先前提过，南海的昆仑，一般被当作当地地名之音译。但我从以上假说推想，应该是先有众人皆知的宇宙山"昆仑"的名称。中国人将所去过的岛屿取名为"昆仑"，他们离开后，这名称借由当地人之力，变成了如"Condore"之类音近"昆仑"的当地语。

当然，我这个假说没有确切的证据。如先前所言，这只是一种想像或空想。然而尽管已有地表上最大界标的大山"昆仑"，却还要在南海若无其事地设置无关的"昆仑"群，这点我怎么想也想不通。我相信，古代人脑内的思考活动，远比现代人还有逻辑。那么，还请各位把这个假说，看作是我个人为了坚信古人思考极富逻辑一事而作的回答。

众所周知，哥伦布航海活动背后的推动力量，是一种寻求乐园的情感。他和他的时代，都在东方寻求乐园。哥伦布见到新大陆时，确信那块陆地就是和地上乐园相去不远，即《旧约圣经》所谓的"应许之地"。

我们常常认为，欧洲人的探险或冒险带有浪漫色彩，也常觉得中国冒险者脑袋里只有功利，他们的交通发展只是为了想获得实际利益。中国的确也有许多像欧洲那样的探险家或不怕死的冒险家，只是能在历史上留名的并不多。中国人不是那样充满感性的人。然而，古代无名的冒险者，在冒着生命危险扬帆远航之际，并没有把世人皆确信其存在的乐园，即"昆仑"，当成最终的目的地，这点任谁都能断言吧！不，应该说，他们是在没有带着这类精神目的地的情形下，豁出性命去旅行吧！

现在请回想一下《竹取物语》[18] 的故事。辉夜姬要求其中一位求婚者大伴大纳言寻找"龙颈上的夜明珠"。大伴大纳言为寻得此秘宝，乘船前往南海。这个带有南海冒险题材的故事，反映了古代东亚人如上所述，在南方之海寻求乐园，而后逐渐消失的情感。大航海常常是最接近死亡的行为。不过，只有被挑中的人，才能迎向不死的幸运结局。那么，究竟该满足于现世所得的安稳生活，从中尽情享受，还是要在死亡与不死之间，毅然参与一场胜算不大的赌局？ 人终其一生都深陷这两者诱惑之中，无法自拔，应是不证自明之事实。

四、来自地中海的火焰山
—— 日落之处的地理学

八戒在撒谎？

唐僧师徒一行人一路往西，前往天竺取经。是时已是秋霜时节，但不知何故，渐觉热气蒸人。火焰山的故事，就这么在小说《西游记》里展开了：

> 三藏勒马道："如今正是秋天，却怎返有热气？"八戒道："原来不知。西方路上有个斯哈哩国，乃日落之处，俗呼为天尽头。若到申酉时，国王差人上城，擂鼓吹角，混杂海沸之声。日乃太阳真火，落于西海之间，如火淬水，接声滚沸。若无鼓角之声混耳，即振杀城中小儿。此地热气蒸人，想必到日落之处也。"大圣听说，忍不住笑道："呆子莫乱谈。若论斯哈哩国，

正好早哩。似师父朝三暮二的这等担阁，就从小至老，老了又
小，老小三生，也还不到。"

（第五十九回）

这地方尽是一片赤红，从屋顶、墙壁到大门，全都漆成红色，
着实古怪。八戒所说的斯哈哩国，应该不是指这里。因此悟空便请
教一位农家老人，始知此地有一座火焰山，一整年都冒着熊熊烈火，
才会这么热。要消去火焰山的火，方法只有一个，就是向铁扇公主，
也就是罗刹女，借来芭蕉扇，用它搧灭火。于是唐僧师徒和妖怪为
了这个宝物，上演了一场尔虞我诈的激烈争夺战。

从以往八戒给我们的印象来看，我们或许会认为，八戒所说的
那一长串话，是他自己在胡扯撒谎。但是，真的如此吗？

八戒所说的斯哈哩国，是随便乱说的吧？悟空的语气里，未必
有这样的意思，而悟空也不否认世上有斯哈哩国存在。各位请把这
个斯哈哩国记在心上，接着来窥探火焰山那荒诞不经又充满生命力
的地理学世界吧！

火焰山在何处

首先遇到的问题是："火焰山到底在何处？"我们不能说既然这
故事是荒唐无稽的，那么火焰山在哪里也就不重要，而不去深入追
究。这个荒唐故事所依据的荒唐地图，我们必须找出来才行。

火焰山这个地名，实际上是存在的。它位于现在新疆维吾尔自
治区的吐鲁番盆地。吐鲁番盆地低于海平面，盆地内的艾丁湖，其
海拔为负一五四米。维吾尔语称作"克孜勒塔格"（意为"红色的
山"）的火焰山，在唐代称为"火山"，是描写西域景观的边塞诗的
极佳题材。不过，它不是那种会喷出熔岩的火山。的确，见到红褐

色山壁和山脚下裂痕交错的地面，让人以为现在这副模样，是昔日孙悟空用芭蕉扇将此处熊熊烈火搧灭后，所遗留下来的痕迹。火焰山最高处仅海拔八五一米，实际上与其说是山，不如说是平缓连绵的丘陵。历史上的三藏法师玄奘，就曾造访火焰山下的高昌国。

从唐代诗人岑参（715—770）《经火山》一诗中的"赤焰烧虏云，炎氛蒸塞空"来看，中国人似乎把火焰山当成会喷火的活火山。现存最早版本的《西游记》刊行于十六世纪末期。成书于同一时期的地理书《咸宾录》，记载火焰山"至夕，光焰若火，照见禽鼠皆赤"（《西夷志》卷之三《高昌》）。意思是说，映照在火焰山山壁上的夕阳，让动物看上去变成红色的了。《咸宾录》的记载，和前面《西游记》所描述火焰山附近村庄尽是赤红的情形是一致的。火焰山喷着火，又让邻近物体变得红通通的生动形象，尽管与现实的火焰山相去甚远，却是在《西游记》的创作过程中渐渐形成的吧！

夕阳的帝国

火焰山先谈到这边就好。其实我最在意的，还是八戒得意洋洋讲述的"斯哈哩国"。中国的地理书，都找不到和斯哈哩国同名的国家。然而，悟空的语气，是否认八戒所说"已到斯哈哩国"的"已到"这件事，并没有否认世上有这国家存在。如果认为以前的人缺乏地理知识，所以才编出这胡说八道的故事，还说作者随便捏造个国家了事，那就太过分了。或许是在这世上活了几百年的缘故，悟空、八戒之类的怪物，确实具备了怪物所该有的各类知识。尤其是八戒，虽然常被称作"笨蛋"，但其知识之渊博，实非笔墨所能形容。八戒脑筋动得极快，高深的笑话或诗句都能脱口而出。虽然本身是猪，但可不是笨猪。

《西游记》的研究者、英译者且是芝加哥大学教授的余国藩

（1938—2015），在其英译本（*The Journey to the West*）里，将"斯哈哩国"译为"Surya Kingdom"，并附上这条译注：

> Surya Kingdom：中文原文作"斯哈哩国"，其本身不具意义。既然"Surya"是太阳的意思，那么应该要视情况作些修正会比较妥当。[19]

余国藩所说的"Surya"，是梵语里的太阳或太阳神之意。无论如何，对他而言，似乎很难相信世上有八戒所说的奇怪国家存在。中国的地形越往西就越高，而东边和南边为大海包围，河川几乎都向东流。这样来看，在西边应该不太可能看到太阳落到大海里。中国的神话里，虽然也有太阳落入西边的海，然后在地下潜行，再由东边升起的宇宙论，但八戒那一长串的说明，实在太会扯了，扯到反而像真的一样。要胡扯瞎吹，至少也得像这样有条有理。然而这真的只是八戒在胡扯瞎吹吗？ 或许八戒只是从自己庞大的知识库里搜寻到某条资料吧！ 我们姑且相信八戒的说法，找找看斯哈哩国在哪儿吧！

虚幻的茶弼沙国

虽然找不到斯哈哩国这个国名，但是确实可以在中国人的地理学里发现八戒所说的奇妙国家。最早跟这个国家有关的报告，见于宋代的世界地理著作《诸蕃志》。此书是赵汝适（1170—1231）担任福建省泉州市舶司提举时，根据来华的阿拉伯商人所提供的情报撰成。书中记有"茶弼沙国"一项，而八戒所说的斯哈哩国，似乎就是指茶弼沙国。请看《诸蕃志》的记载：

> 茶弼沙国，城方一千余里。王着战袍，缚金带，顶金冠，

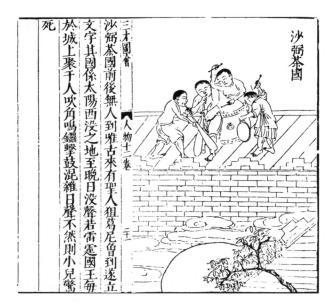

图十五：《三才图会》的"沙弼茶（茶弼沙）国"图。图中正下方画了个"太阳"。

穿皂靴，妇人着真珠杉。土产金宝极多。人民住屋有七层，每一层乃一家。其国光明，系太阳没入之地，至晚日入，其声极震，洪于雷霆，每于城门用千人吹角鸣锣击鼓，杂混日声，不然则孕妇及小儿闻日声惊死。

（卷上·海上杂国）

先不用管名称上的不同，八戒所说的斯哈哩国系指茶弼沙国，应该毋庸置疑。那么，《诸蕃志》的茶弼沙国，究竟位于何处呢？

二十世纪初期，德国汉学家夏德（Friedrich Hirth, 1845—1927）和美国汉学家柔克义（William Woodville Rockhill, 1854—1914）精心译注的《诸蕃志》英译本问世。此书指出，茶弼沙国是位于阿拉伯以西、古代阿拉伯人传说中太阳在此落下的城市"Djabulsa"（亦作"Djabirso"或"Djaborso"）之音译。换言之，阿拉伯人的传说，远渡重洋来到中国后，在《西游记》中虽然稍微变形走样，但还是被博闻强记的八戒给讲述出来。

斜阳的图像

关于茶弼沙国，宋代的百科全书《事林广记》，和元代的地理书《异域志》，也引用《诸蕃志》的记载，而在文字上略作更动。《西游记》里曾提到《事林广记》，那么，《西游记》的作者把这本书置于案头，以便翻阅参考，也不难想像。此外，明代的通俗百科图说《三才图会·人物·十二卷》，不知为什么，把茶弼沙国倒写成"沙弼茶国"，可能是抄写时抄错了吧！明刊本《异域志》也作"沙弼茶国"，或许这种写法在明代便已通行。《三才图会》的记载，和《诸蕃志》略有不同：

> 沙弼茶国，前后无人到，唯古来有圣人狙葛尼曾到，遂立文字。其国系太阳西没之地，至晚日没声若雷霆，国王每于城上聚千人吹角鸣锣击鼓，混杂日声，不然则小儿惊死。

上段引文中出现的新资料，是圣人狙葛尼的事迹。根据夏德和柔克义的译注，狙葛尼是阿拉伯语"Dhu-l-Karnein"的音译，系指"亚历山大大帝"（Alexander the Great, 356—323BC）。

《三才图会》有此"日落之国"的"想像图"，请仔细欣赏。图十五中，在城墙上拚命吹角、鸣锣、击鼓的四位乐手，模样不就像是摇滚乐团披头士吗？这个乐团正前方的圆形物体，光想就叫人害怕。它肯定是那正没入海中，发出骇人沸腾声的"太阳"。图中球形的"太阳"，简直是触手可及之物！我从中国的"美术"获得感动，就是在见到这类作品的时候。不管是多难想像的事物，或是多么抽

图十六：《和汉三才图会》的"沙弼茶（茶弼沙）国"图。

象的概念，中国人都有办法把它画成图画。

在日本，以中国《三才图会》为范本而编成的百科全书，为《和汉三才图会》（1712）。《和汉三才图会·卷十四·外夷人物》里，同样有"沙弼茶国"的项目。其文字部分直接挪用自《三才图会》，插图则是重新绘制。新插图（图十六）只画了四位规规矩矩穿着唐人服装的演奏者，优雅地演奏音乐，却没有画那个触手可及的可怕太阳。《和汉三才图会》的编者，何以舍弃《三才图会》原有的插图，而改画出这样的图呢？ 或许因为江户时代的知识分子，会毫不留情地将一般日本人无法理解接受的想法，统统给删掉。把"城墙前有个直径三米的太阳没入海中"之景象画成图画的想法，终究超出日本人的想像吧！附带一提，本义为"破晓"的汉字"旦"，是利用"太阳从地平线上升起"的图像来说明其字义。像这样把一切现象都变成生动逼真的图像，是中国人的工作。对他们来说，要照文字所述把"日落之处"画成图画，应该轻而易举。

如此说来，中日两国在美术方面，纵使表面上看来颇为类似，但底下的宇宙观结构却是完全相异，这点毫无疑问。

通往斯哈哩国的漫长路途

那么，茶弼沙国又为何会变成斯哈哩国呢？如果只是听错或写错，名称上应该不致差那么远。或许要在《诸蕃志》里才能找到答案吧！当我们再次翻开此书关于"茶弼沙国"的段落，可以发现后面接着的是"斯加里野国"一项。咦？ 这国名在字形上，跟八戒所说的"斯哈哩国"有点像耶！请看"斯加里野国"的全文：

斯加里野国，近芦眉国界，海屿阔一千里，衣服风俗语音与芦眉同。本国有山穴至深，四季出火，远望则朝烟暮火，近观则火势烈甚，国人相与杠舁大石，重五百斤或一千斤抛掷穴中，须臾爆出，碎如浮石。每五年一次，火从石出流转至海边复回，所过林木，皆不燃烧，遇石则焚蓺如灰。

图十七：《三才图会》的"斯伽里野国"图。图中人物的鬈发模样，极具异国情调。

斯加里野国系指地中海的西济里亚岛（今称西西里岛），芦眉国则指罗马。既然此岛是西济里亚岛，那么引文所描述的活火山想必就是那有名的埃特纳火山（Mount Etna）了。

明刊本《西游记》的作者，如果在《诸蕃志》或沿用其记载的地理书里读过"茶弼沙国"的段落，应该也会看到其后的"斯加里野国"段落。这样看来，火焰山的题材里，除了有自古以来边塞诗所歌颂的火焰山形象，又混入了西济里亚岛上埃特纳火山的形象。而且，八戒用内行人口吻讲述的"斯哈哩国"，内容虽出自"茶弼沙国"的段落，但国名不就是把"斯加里野国"稍微变个样子来用的吗？ 这到底是作者记错还是故意这样写，我们不得而知。前面提过的《三才图会·人物·十四卷》，在"斯加（伽）里野国"项目下，画了一幅"想像图"。图中画的是扛着大石往火山口丢入的西济里亚人。

有凭有据的想像力

现代的我们，阅读如《西游记》的古代故事时，经常因为某种先入为主的观念，而产生误解。比方说，对于八戒那种"靠不住的家伙"所说的话，不但不会好好听，还会觉得："这爱吹牛的家伙又在胡说八道了。"推而广之，在现代人眼中，就认为古代的人、以前的人所说的话，大多不值得采信，因为古代人的知识不足。如果觉得"八戒这家伙又在胡说八道"，而对他投以怀疑的眼光，那倒还好，毕竟还有讨论的余地。最糟糕的是，只是一味赞扬"古代人的幻想故事和丰富想像力"，沉浸在现代人才有的感动中，最后就不再动脑思索了。即便针对斯哈哩国的段落，若是听到有人出声叱喝："又在胡诌！"倒还说得过去，可是等到哪天听到"八戒丰富的幻想实在很厉害呢！"的赞叹时，咱们的八戒兄也就不得不苦笑了吧！

我们和讲述编撰《西游记》的人，至少有两点不同。一是时代不同，另一是我们不是中国人。首先，我们应该把自己看作外国人，然后得谦虚才行。那样的我们，要认真地接触八戒背后巨大的知识体系，恐怕是很辛苦的事情。从有凭有据的庞大知识库中，抽出斯哈哩国的项目，将之与炎热的原因相结合，八戒这个结合术，正是可称作"想像力"的东西。它催生出八戒这个角色，并成为让八戒说出那些话来的、中国人自身的想像力。让人觉得不可靠的八戒，如果他的话未必是信口胡说，那么他的举动应该也不是随便胡来的。

他所有的言谈举止，绝对展现了中国人所缜密设计的世界观。正因为我们不是中国人，所以解读时，或许才能看见中国人所看不到的东西。

《西游记》中随处可见中国人畅快又丰富的博物学知识，绝非只是随随便便建构起来的。就像现代科幻作家会将最新宇宙论或科学技术写进作品里，讲述编撰《西游记》的人，定是将当时最新的知识消息都写进这部小说里。中国人似乎不像大家所想的那样，是拘泥于传统的人。说不定恰好完全相反。专注于解读中国人的想像力，即是与提供娱乐消遣而撰成的《西游记》一同游乐的方法。在这过程中，我们正可一窥中国人生动的宇宙论和世界观。

注释

1. 译注：《博物志》（*Naturalis Historia*），又译《自然史》。

2. 译注：希罗多德在《历史》中说："在这盐山附近有一个叫作阿特拉斯（Atlas）的山，此山形状尖细且为圆筒形。据说，它是如此之高，以致看不到其顶端；而且无论夏季或冬季，都有云环绕。当地人称此山为'天柱'（the Pillar of Heaven）。"参见王以铸译，《希罗多德历史（上）》（北京：商务印书馆，2005），页三三七。

3. 译注：在古代原始宗教的宇宙观中，宇宙山位于世界的中心，是连接天与地的宇宙轴。以宇宙山为原点，围绕它的区域遂构成"我们的世界"。

4. 译注：武田雅哉，《星への筏——黄河幻视行》（东京：角川春树事务所，1997）。

5. 译注：阿 Q ＝"阿鬼"说，出自日本学者丸尾常喜（1937—2008）著，秦弓译，《"人"与"鬼"的纠葛——鲁迅小说论析》（北京：人民文学出版社，1995）。

6. 译注："中国神话的音义递变规则"，参见何新著，《诸神的起源——中国远古太阳神崇拜》（北京：光明日报出版社，1996）。

7. 译注：馄饨这种食品，混集若干种作料，以和合为貌，无孔无窍，正如天地浑沌之象。是故，馄饨语义与"浑沌"相近。

8. 译注：本名为查尔士·路特威吉·道吉森（Charles Lutwidge Dodgson）。路易斯·卡若尔为其笔名。

9. 译注：该首童谣的全文为："Humpty Dumpty sat on a wall. Humpty Dumpty had a great fall. All the king's horses and all the king's men couldn't put Humpty together again."（一个圆圆胖胖的东西坐在墙上，一个圆圆胖胖的东西摔下了墙。就算聚集了国王所有的人马，都无法修好它。）

10. 译注：平野敬一，《マザー·グースの唄——イギリスの伝承童謡》（东京：中央公论社，1972）。

11. 译注：即在地图上制作等比例的方格坐标网，作为标示各地、物方位和距离的基准。

12. 引自赵景深编，《龙灯——华东民间故事集》（上海：上海文艺出版社，1960），页一一八至一二〇。

13. 译注：唐人，是江户时代日本人对中国人的称呼。

14. 译注：石田干之助，《長安の春》（东京：平凡社，1967）。

15. 译注：泽田瑞穗，《金牛の鎖——中国财宝譚》（东京：平凡社，1983）。

16. 译注：原始物质（prima material），又译原生元素。

17. 参见荣格《心理学与炼金术》（*Psychology and Alchemy*）。

18. 译注：《竹取物语》，约成书于九世纪后期（时当平安时代前期），作者不详，是日本最早的物语作品。故事描述竹取翁在竹中发现一名女娃，带回家抚养仅三个月，便迅速长成亭亭玉立的美少女，取名为"辉夜姬（かぐや姬）"。辉夜姬的美貌引来公卿王侯甚至天皇的热烈求婚，她运用智慧一一拒绝。最后于中秋夜，穿上天羽衣，随月宫天女回月宫，留下悲痛不已的竹取翁、惊叹的天皇及不死灵药。

19. 译注：Wu Cheng-en (trans. Anthony C. Yu), *The Journey to the West* (Chicago: University of Chicago Press, 1980), vol. 3, p. 437。

* 编者按：本书个别地方作了技术性处理，如页 21 之缺字。

II 人造宇宙的游客

一、假造之山、怀胎之山
—— 中国人的山中游戏

危险而令人不快的山

中国最古老的山岳志为《山海经》。《山海经》的记述方法，是先举某山名，再列出该山所产的动植物和矿物，并详述它们在本草学上的实用价值。这种方法传达出古代中国辞典所记载的"山"观。对于"山"字，古代的辞典，如东汉《释名》指出："山，产也。产，生物也。"同时代《说文解字》则说："山，宣也。谓能宣散气，生万物也。有石而高。象形。"照这些说法来看，"高于平地之地形"为"山"的外在形态；"散气以生万物"为"山"的功能。长久以来，中国人关心的应该还是山的功能。山如果不能生出什么东西，就不符合它作为山的本质了。

在《山海经》里，包含山在内的所有地形，其高度用具体数字标示者仅有三条，即"太华之山：五千仞"、"昆仑之墟：万仞"、"天穆之野：二千仞"。《山海经》基本的记述方法，大致是不记高度，只记一座座山名和该山有哪些神明、生物、物产以及发源于此的河川。山和山的距离则用具体数字标示出来，借此便能将话题转移到下一座要谈的山。至少《山海经》的作者，对水平方向比对垂直方向还要关心。

山"生出万物"的功能，不仅借由《山海经》的怪物传达出来；在许多带有道教色彩的书籍中，采自山中而被当成药物的所有动物、植物和矿物，更是充分表现出山的这种功能。

这类书籍的代表，首推公元四世纪晋代葛洪（284—364，号"抱朴子"）所著的《抱朴子》。《抱朴子·内篇》主要讲述神仙存在论、长生不死的药物学、有关应用金丹仙药的博物学以及神仙方术。《抱朴子·内篇·卷十七·登涉》专谈入山时该注意之事。该卷开头写道：

> 或问登山之道。抱朴子曰："凡为道合药，及避乱隐居者，莫不入山。然不知入山法者，多遇祸害。故谚有之曰，太华之下，白骨狼藉。"

山原本是阴森、危险而令人不快的场所，也就是近似《阴森之山与光荣之山——无限性美学的发展》（*Mountain Gloom and Mountain Glory: The Development of the Aesthetics of the Infinite*）的作者尼科尔森女士（Marjorie Hope Nicolson, 1894—1981）所说的"阴森之山"。但是，自从近代欧洲人讴歌山的壮丽和崇高以来，山在我们心中的形象，便从原本的"阴森之山"转变成"光荣之山"。

作为隐遁借口的山

在葛洪之前，相传由西汉淮南小山（一说作者为撰《淮南子》的刘安）所作的辞赋《招隐士》，旨在招唤一位山中的隐士（一说隐士暗指屈原）回归现实社会。篇中举出深山各种野兽和植物之名，析论山的阴暗面。猿、虎、豹、鹿、熊等山中野兽，只会乱吼乱跳，互相争斗，不可能和隐士做朋友。草木茂盛、野兽横行的山中，不是人能居住的场所。篇末遂以"王孙兮归来，山中兮不可以久留"作结。

这种题材的诗称为"招隐诗"，在晋代颇为盛行。张华（232—300）、左思（250?—305?）、陆机（261—303）皆留有相关作品。然而这个时代的"招隐"，并非招山林隐逸之士出山，而是作者亲入山林寻找隐士，并歌

图十八：明代《古杂剧》所收《唐明皇秋夜梧桐雨》的插图。图中可见外形似柱的山，其间飘荡的云气，以及在此上演的戏码。

咏其情景。还有与原本题旨完全相反，作者自己为山林美景所吸引，成了归隐山林的隐士。这样的"招隐"题旨，在不久后发展成"山水诗"。于是原本"充满危险而令人不快"的山，就成为适合隐士居住的美好地方，甚至是仙境了。在这过程之中，"游仙诗"于焉诞生。

回头再来看《抱朴子》的《登涉》篇。《登涉》一文详述山中的怪异和危险，并详细介绍能除虫兽、驱鬼魅的护身符咒，以及受伤时的应急方法和有效药物，极为实用。

"隐遁"一词，原指坚守一己信念，不苟合取容，或为逃离现实政治，而隐居避世之行为。因此，山最初只是隐居避世的场所，未必能提供优美风景。在文学史上，"隐遁"从原本"隐居避世"之目

的，逐渐转向"享受山水美景"之目的，这种变迁过程，详见小尾郊一（1913—）的《中国的隐遁思想》[1]和《中国文学中所表现的自然和自然观》[2]。

这种隐遁的美学，在中国人灵巧运用下，发展成把山带过来摆在自己身边的行为。如果说这就是中国人庭园建筑的思想基础，也没有什么不妥。不过具体而言，摆在身边的山，是中国人私有的虚拟模型，即"盆景"或"假山"。中国人虽然不具有西方那样的登山传统，却在自己身边造出并摆置山的模型，借此不用亲自登上山顶，便能"征服"山了。

明万历年间谢肇淛（1567—1624）在其笔记《五杂组》里提到一件有趣的事情：

> 然北人目未见山，而不知作，南人舍真山而伪为之，其蔽甚矣。

换言之，当时，也就是十七世纪初期，没有什么人见过真正的山。谢氏又说，自十二世纪初宋徽宗热中搜集奇花异石以后，建造假山之风在民间大为盛行。

"隐遁"，从原本隐居避世的行为，变成人为享受自然美景而入山林隐居的借口，最后索性拿掉这样的借口，形成现代意义上的"游山"行为。谢肇淛还逐一举出游山时应当注意的事项：

> 游山不借仕宦，则厨传舆儓之费无所出，而仕宦游山又极不便。侍从既多，不得自如，一也；供亿既繁，彼此不安，二也；呵殿之声既杀风景，冠裳之体复难袒跣，三也。舆人从者，惮于远涉；羽士僧众，但欲速了。崄巇之道，恐异夫之诽语；

奇绝之景，惧后来之开端。相率导引于常所经行而止，至于妙踪胜赏，十不能得其一二也。故游山者须借同调地主，或要丘壑高僧，策杖扶藜，惟意所适。一境在旁，勿便错过；一步未了，莫惮向前。宁缓毋速，宁困毋逸，宁到头而无所得，毋中道而生厌怠。携友勿太多，多则意趣不同；资粮勿太悭，悭则意兴中败。勤干见解之奴，常鼓其勇；富厚好事之主，时借其力。勿偕酒人，勿携屠伴。每到境界，切须领略；时置笔砚，以备遗忘。此游山之大都也。

（《五杂组》卷四《地部二》）

这段引文虽然讲的是游山注意事项，但在作者一长串牢骚不满当中，倒让人想起了明代的登山情景，或是小说、戏曲里才子佳人相遇的游山场面。游山，可说是作为观光而在中国人喧噪声中进行的郊游活动。现代人所谓的游山，也可说是顺着明代所确立的游山行为所延伸而来。

在这里，古代的山岳观，即山"散气以生万物"之功能和"危险而令人不快"之形象，看似消失不见。但是，说不定它正以别种形貌继续存在着。

中国人对山的征服

翻读和《五杂组》同样编成于万历末期的百科图谱《三才图会》的《地理》卷时，会看到稚拙有趣的插图。该卷收录一连串描绘名山的插图，例如在易州城西南三十里的"龙迹山"，石壁上有仙人形及龙形的痕迹。龙迹山西麓有一坑，大如车轮，里面东西南北各有四穴。风在春天从东穴出，夏天从南穴出，秋天从西穴出，冬天从北穴出。昔日有一僧人法猛，进入东穴，见到石堂和石人。他想详

图十九：（左）《三才图会》的"八公山图"。（右）《三才图会》的"龙迹山图"。

细调查诸穴，忽闻有人厉声云："其余三穴，皆如东者，不宜更入。"
他才打消主意。

同样的山，即岩壁上有看似某种形状的山，书里还可找到其他
几个例子。例如有人形和马形痕迹的"八公山"、狮子形岩石屹立的
"潜山"，此外还有不少浮现仙人图形的山。

这些图像大抵出自天然的造化，但也有经人为雕绘而成的情形。
不论何种图像，在中国人心中，都足以成为游其山者必览的名胜。
从古至今，不只山的形状，自然地形的"比拟"，也是中国人经常使
用的方法。当人世间的事物和山气所生的造化之妙，完美地结合在
一起时，刚刚读过的"某地点的故事"就诞生了。某一地点的故事，
经常就"刻"在该地点。例如发现形似象鼻的奇岩，文人便构思出

图二十：福建省同安县岩壁上雕刻的文字。出自清末《吴友如画宝·名胜画册》。

"象鼻岩之诗"，然后叫勇敢不怕死的工人爬上岩壁，在上面刻上巨大的文字群。在中国，不论到哪一深山幽谷，只要称作名胜、名山之处，都会在岩石表面刻上一些文字，并用红色之类的漆让它更显眼。这种行为在日本绝对会被当成破坏自然的行径而遭到责难。不过在中国的有识之士看来，这是正当合理的行为。

在石壁上刻诗文，是中国人征服山的方式。由中国人"赋予文化意涵／加以开发"的山，获得了虚拟理想乡＝观光地的荣誉。其"标记"，则是用汉字刻上的诗文。只是，在那一瞬间，山就不再是现实上根本不存在的完美理想之山了。

图二一：外形呈"山"字状的山。出自清代《白岳凝烟》。

现在来重温《桃花源记》的故事。东晋太元年间，武陵郡有个渔夫沿着溪水划船前行，不知道划了多久，忽然遇到一片桃花林。渔夫再向前划，发现桃林尽头是溪水的发源地。那里有座山，山下有个小小的洞口，于是渔夫走下船，进入洞中。山洞起初非常狭窄，走到底，眼前顿时开阔明亮，出现了一座村子。渔夫在此处遇见被时间遗忘的乐园里的人，受到热情的款待。在村中住了几天后，渔夫向村人告辞。临别时，村人嘱咐："这里的事情不可对外人说。"渔夫出了山洞，在回程沿途留下标记。一回到武陵，渔夫立刻到官衙向太守报告所经历的事情。太守随即派人跟随渔夫去找山洞，但还是迷失了方向，找不到原来的路了。

只有被选中之人，桃源乡才会为他开启洞口。不过，就算是被选中者，只要一离开桃源乡，就再也无法找到入口。中国人对于被当成桃源乡的地点，忍不住留下大量"标记"，乃是"离开后就再也见不到桃源乡了！"这种《桃花源记》以来的强迫观念所致。

中国的山水画，绝不允许把山壁上的刻字给画出。这是由于山水画中山的无名性。除非是对真实存在的名山"据实描绘"，即作说明式描绘，山水画很少画出山壁上的刻字。因为借由命名、创造专有名词，或是限定细部特征，"并不存在的理想之山"就成了"真实之山"，上头的刻字也成了他人或公有之山的证据。山水画所画的，和庭园里的假山相同，都是自己独有的、私有的山。正规的名山图录——例如《三才图会》——里加以分类的山，不过是抛弃了圣性，即山的怪物性而已。名山图录里的插图，在原理上已不是"山水画"了。

中国人不允许在山水画里"画"山壁上的刻字，却乐意在山水画上"题"字。画主可以在画上落款，题署姓名、字号、年月、诗句，这点是中、西方绘画观的决定性差异。在中国，某幅画的持有者，即是画中理想之山的持有者／征服者。中国人在画上题字，正如他们在真实山壁上刻诗文，同样都是作为征服的证明。

中国人心目中山的理想形象，应近于山水画中呈"山"字状的模样，而非像日本公共澡堂墙上画的富士山那样，是底边较长的等腰三角形。一看"山"这个汉字的字形，便知它是由三根垂直延伸的柱子构成。不过，如果只望着高耸柱子的顶端，可能见不到中国人所谓的"山"。这三根柱子直耸入天，柱子和柱子之间遂形成两个下陷的部分。大地的凹部借凸部之力得以生出。正是在这个有水流动、阴湿又弥漫云气的隐密空间，"万物才能生出"。这空间就是山道、溪流、洞穴，而在有假山的庭园内，则是太湖石的无数孔穴。而且，中国人创作的山的故事，有许多是以此下陷部分而不是以明亮部分作为舞台。例如，和桃花源相通的洞窟里，那条大地的"产道"。"山，产也。"古代的睿智先哲曾如此断言。

二、通往胜地的地图学

舒适自在的旅行者

听到"中式胜地"[3]这几个字，大家脑海中通常浮现什么样的风景呢？ 先请看我随意挑选的几张插图吧！沿石阶而上的山顶凉亭，以及宗教圣地的高山上的建筑物，如果说这些地点是应该前往的美好胜地，那么从日常的生活空间移动到胜地的行为——"旅行"，亦可说是一种访胜行为了。

"难道没有什么关于旅行的有趣书籍吗？"我在书堆中翻查，找到一本薄薄的中文书《中国古代旅行之研究》（1935）。我本来以为这不过是汇集各旅行家生平传记的书，可是翻开内页一看，却发现完全不是这么回事。这本书的内容，是针对古代地理书《山海经》里的怪兽、妖怪、鬼神，也就是让"愉快之旅"变成"辛苦之旅"的怪物，所作的详细研究。据作者所言，这只是一部长篇著作的第一章，原本计划写六章，但只写成第一章《行途遭逢的神奸（和毒恶生物）》就未续写。这本书从旅途上遭逢的各种怪物开始讲起。实际上，这如实传达了中国人的旅行观——即不管是探险还是做什么，旅行都不能是"辛苦"的，而必须是"舒适愉悦"的。

几年前，我参加中日两国为调查西藏野生动物而组成的联合探险队时，发生了这样的事。虽然要去的地方不怎么舒适安全，对日本队员来说，却是个难得的珍贵机会，展开调查前，也都作好了可能遇上危险的心理准备。见到日本人如此反应，队伍中有位中国队员便上前安抚："得了！得了！轻松点！"等到大家在青藏高原准备骑马去调查野生动物的分布情形时，那位中国队员立刻出面阻止，说："动物的分布情形已大致了解，不用调查了，还是早点回去吧！"旁人反驳："我们不就是为了取得更正确的资料才进行这次调查吗？"他就不再坚持己见，笑着说："那，请便吧！"在他看来，凡是"困难"和"危险"，都不该去解决、克服，而要避开才行。他对调查漠不关心，唯一热中的是"在这地方能吃到多少好吃的东西"。的确，一趟愉快的旅行，和"美食"分不开。

图二二：四位男子在山顶凉亭内饮酒吟诗，山下瞻望丰采者皆以为神仙中人。出自清末《点石斋画报》。

　　旅行研究的第一步，应当从这里开始。《中国古代旅行之研究》一开始先就危害旅行者的妖怪详加论述，这作法是正确的。对了，晋代葛洪所著的道家经典《抱朴子》，也曾阐述山中会遇到的种种怪异现象及应对方法。也许在我们的探险队里，不听劝阻的日本队员，才是最难对付的妖怪吧！

　　换句话说，对中国人而言，没有比"走无路之路"的旅行还更荒谬愚蠢了。中国人的旅行记，大多描述在骇人妖怪已被驱除的"安全地区"旅行之事。因此也就有充分余暇来作首诗，自然而然，旅行记便成了随处穿插诗句、从容优雅的"文学作品"。如果说这些作品能纾解心灵压力，让心里堆积的脏东西排泄出去，便可称为"游记"之类的旅游文学。现在稍微离题一下，回到妖魔鬼怪不再像古代那样威胁旅人通行的二十世纪初的中国，去搜集当时人们对旅行的看法吧！

近代中国的访胜思想

中国近代思想家康有为（1858—1927）在所著《大同书》中，描绘了他心目中理想的人类未来史。在那里，掺杂着许许多多清末理想国梦想家共通的、或是康氏独有的理想国构想的具体主题。电动的未来交通工具和太空飞机，也是主题之一。

图二三：通往天然空中庭园的石阶。请注意图中仔细描绘的石阶。出自《点石斋画报》。

在康有为的理想国里，人类皆住在公共住所，不需要建自己的房子。外面又造了容纳百千万间房间的巨大旅社，还有"行室"、"飞室"、"海舶"、"飞船"等交通工具负责运送人。

行室是靠电力行驶在世界各地铺设的轨道上的巨大房屋。房屋原本是固定不会移动的，因此吸不到天空的清新空气，也享受不到山水的优美景色。即使碰巧选到喜欢的地点盖了房屋，也欣赏不到各地的美景。这是人类数千年来苦恼的问题。想解决这个问题，只要房屋能动就行了。行

图二四：报导曾周游世界各国的颜永京（1838-1898）在上海举办幻灯片放映会一事。插图中画有过于尖锐的金字塔与外国人模样的狮身人面像。出自《点石斋画报》。

室便是为了实现此愿望而设计出来的移动机器。飞室和飞船是巨大的飞翔机器，只供游行之用，不能常住，其内设有旅社，带食物乘坐上去，即可享受空中旅行的乐趣。

康有为曾说："盖太古游牧，中世室居，太平世则复为游国，如循环焉。"康氏准备了上述专为"游"，即专为"移动乐趣"而设计的装置。原本局限在固定地方过生活的人类，借由科学发达，取得在空间中自由自在移动的方法，因而在视觉上享受到各种不同风景带来的乐趣。这就是康氏所说的"娱志"了。

这种构想，亦见于小说的世界。清末的小说《电世界》（1909），系以宣统一〇一年至宣统三〇二年（即公元 2009 年至 2210 年）假想的清朝理想国作为舞台的科幻小说。其中一章对未来的教育作了

描写。

　　教育要以"有趣"作为首要条件。（作者如是说。全国教师可要好好听了！）过去二十世纪的教育，教授科目太多，不能扼要，授课时间太长，致少兴趣。接着作者详细阐述了他的理想国里的教育制度。值得我们注意的，是下面的构想。

　　过去时代的教科书插图不够精良，使学生不易理解领会。理想国的学校以"电筒发音机"和"电光教育画"授课，精美插图遂得以直接呈现在学生眼前。又如上地理课，光在教室讲解总觉得隔阂，因此每周会带学生到世界各地旅行一次。

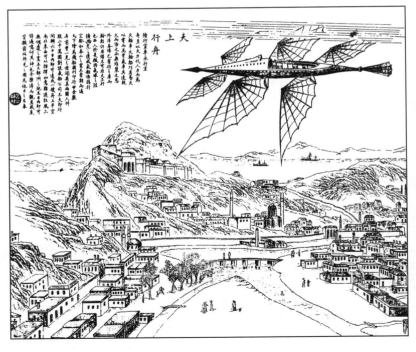

图二五：报导美国即将开设飞船公司一事。飞翔机械由爱迪生（Thomas Alva Edison, 1847—1931）设计。出自《吴友如画宝·海国丛谈图》。

"为什么不生在《电世界》的理想国啊？"我可是羡慕得不得了。作者又说，要把视觉的娱乐装置和移动的娱乐装置引进到教育内。这是一场由移动技术所产生的"视域革命"。清末谈论理想国的思想著作或科幻小说当中，有不少主题在讲未来发达的交通工具，但是如同各位从《大同书》、《电世界》的例子了解到的，那里面甚少提及交通便利所带来的实质利益，例如"能早点到远处，将便于商业往来"或是"能大量运送物品，将有助于产业发展"。那些交通工具好比是游乐园的游乐器具，其娱乐性，即移动技术所带来的"畅快心情"和"视觉乐趣"，才是最重要的。

"视觉"，操控着十八、十九世纪近代西方人的快乐感受。而近代的中国，确实也存在过视觉的娱乐装置。《点石斋画报》便是这类装置。这份作为大众传媒的画报，从1884年创刊到1896年停刊，十三年间持续刊行，将四千六百多幅插图所描绘的时事新知，传播到十九世纪末的中国，可说是将"新形态的观看乐趣"呈现在清末中国人眼前的、巨大的近代娱乐装置。

《点石斋画报》刊出了不少像此处所附的，与实际情形有些出入的外国消息。英文报纸的报导、归国者的报告等等，都借由此装置而以画像形式呈现出来。人类不出门也能体验虚拟的眼球运动，并感受到将广大空间尽收眼底的美妙幻觉。这和我们坚信不移的"透过电视尽览世界"的幻觉，几乎是相同的了。中国人的视觉，在短时间内游遍了全球。这种旅行教育所培育出的感觉，便成为近代娱乐装置滋生的土壤。

现在，如果想窥探中国人理想世界的形象，造访他们现实中兴建的旅游胜地就行了。用不着《大同书》和《电世界》，光是发达的交通工具和继承清末画报风格的视觉新闻，便能使近代式胜地在各地诞生。然而，我总觉得"访胜"一词不太实在，特别是在中国，我到中国人爱好的胜地去玩，心中从未感受到真正的愉悦。不过，若到中国人所画的胜地草图、地图上探险，强迫自己在上面走走看看，其实是趟很愉快的旅行。在此还请各位再看一下图二三。

石阶尽头的胜地

那张插图请注意一点，中国人隐遁山林的访胜行为，将虚拟理想世界设于已铺有"石阶"、"石梯"路的尽头。因为石阶是据实描绘的，所以它就画成像梯子一样一阶一阶，用"|||||||||||||||||||||||||||||||||"线条来表现。

图二六：请注意海上航路的呈现方式。出自明代《武备志》所收之"郑和航海图"。

"石阶"的记号，在大比例尺地图上，也用作道路的记号。图二八是清代地理书中的西域地图和西藏地图。图中连接不同城镇的道路，实际上并没有铺设石阶或石梯，却也用这一条条平行线来描绘。其实它不只是路而已，而是经由"铺设石阶"行为所象征的人为塑造，即被人掌控且沾上人味的空间之路。虽然它本是仿照石阶的形状而成，却已脱离石阶原有的形质，进化成"此为人类能走的安全道路"的象征。

湖南省长沙马王堆三号墓出土的汉代地图"驻军图",用红色虚线来代表道路。用线条记号代表道路的地图,倒也不用追溯到时代久远的"驻军图",元代陶宗仪(1329—1412?)《辍耕录》所附的"黄河源图"即是此类地图。

这里举一幅更有趣的图,即中国现存最早的航海图——明代的"郑和航海图"(图二六)。请看!船只航行的海路上,不是整齐画着一条条和西域沙漠上面相同的"石阶"记号吗?郑和(1371—1433)曾于十五世纪初率领庞大舰队出海,经东南亚、印度洋,最远到达非洲东岸,是中国大航海时代的英雄人物。后来,出现了一部荒诞不经的探险小说《三宝太监西洋记通俗演义》,系根据郑和下西洋的史实敷演而成。在这部小说中,大明国的舰队一面和拦住去路的异邦奇人异士斗法,一面向前行进。未知地区因郑和的探险渐渐为人所知,也就表示,该地的危险已被排除,开始在那里铺上对中国人来说是安全象征的"石阶"。这个石阶记号若代表"安全道路"的话,那么也能用在海上,用以表示海上的"安全道路"了。

图二七:黄山的风景,可说是简图似的用极度夸张变形的手法来呈现。尽管如此,仍请注意图中仔细描绘的石阶。出自明代《黄山图经》。

中国人不就是在这个人类世界公共道路的尽头修建了胜地,甚至修建了理想世界吗?在中国称为"胜地"的土地上,试想和一位中国人结伴同游。面对平凡无奇的景色,不经意停下脚步,想让心灵放松一下,那

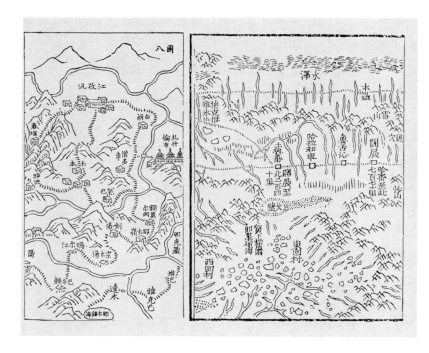

图二八：左为清代《西藏图考》描绘西藏地区的地图。请注意河道和"石阶"。右为清代《西域闻见录》描绘西域（即吐鲁番周围地区）的地图。

位中国人就会露出为难的表情，说："这里什么都没有，继续往前走吧！""……再往前走就有店家了，那里是休息处，有茶可喝。"

　　这个"人之路（？）"的记号，总之就是玻璃保护管之类的东西。它得极力避免和外界密切交流，或许因为在石阶以外的世界，会有阻碍愉快旅程的可怕妖怪出没。敲破这玻璃管的外壁，也就意味中华"文化"之死。背起背包到中国自助旅行，外国人被迫走在双层玻璃管内。因为中国人在"人之路"里面，又造了无比安全的"外国人之路"。

　　不论是通往山顶胜地的道路，通往青藏高原的荒漠砂石路，通往南方岛屿的海上航路，甚至通往太阳系外行星（extrasolar planet）的宇宙航路，中国人都忍不住要在上面铺设这条令人安心的"石阶"，不允许脱离"人之路"或"文化"的轨道。中国人保存"文化"的最重要装置是"汉字"。请看，不就是用最基本单位的"一"字，一笔一画修出这条路吗？在这世上，没有什么事情像中国人建造的"胜地"和通往该处的道路那样安全无虞的了。对一成不变的日常生活感到厌倦的我们，最好越过高耸的长城，跟着中国人到他们理想中的胜地去。在完全铺满石阶的漫长路途彼端，应该会看到熟悉的中式屋顶。那时候，我们也许会发现，中国人寻访的理想之地在以往也曾存在，保有和过去相同的样貌。而这种寻访行为，实际上模仿自象征"循环"的符号——"莫比乌斯环"[4]。

三、带有"比拟"的宇宙论

大观园的命名

由贵公子贾宝玉和一群美少女编织成的爱情画卷《红楼梦》，出自清代十八世纪中期落魄文人曹雪芹（1715?—1764?）之手。《红楼梦》共一百二十回，是一部长篇小说。该书第十七回和第十八回，讲到故事的主要舞台——庭园"大观园"建造一事。贾政带着儿子贾宝玉和众清客参观刚刚竣工的大观园，众人一面在园内散步，一面按各区景致拟文词题在匾额和对联之上。宝玉接连拟出"有凤来仪"、"红香绿玉"的美丽词句，却每次都受父亲斥责……

宝玉等人巡游庭园，就像众神在给自己的被造物取名字一样。他们各自为庭园空间赋予了仅仅三四个字便涵括于内的人文"故事"。庭园如期完工，不过是一具没有注入生命的躯壳罢了，算不上是正式完工。最终要赋予适合此空间的"名字＝故事"，对中国人而

大觀園才子試頭對額

图二九：《红楼梦》第十七回的插图（绘制于清末）。

言，那才是理应存在的空间完工。

这部小说又名《石头记》。作者在第一回里交代了《石头记》一名的由来，现简述如下。远古时代，天空破了洞，女娲炼三万六千五百零一块顽石补天，但补天只需三万六千五百块，剩下一块未用，便弃置在青埂峰下。这块经女娲锻炼而具灵性的石头，见众石皆能补天，唯独自己无材，不堪入选，终日自怨自叹，悲号惭愧不已。某日，一僧人和一道士偶然路过。他俩坐在石头边，畅谈凡间的荣华富贵，听得石头不禁动了凡心，开口央求两人将其带下凡来。贾宝玉诞生之际，石头变形为宝玉口中所含的美玉，来到人间贾府。此石被宝玉随身佩带，历尽离合悲欢、炎凉世态。后来，此石又变回石头原貌，并将自身在凡间种种经历刻于石面上。而后石上文字被人抄录下来，刊行于世。既然是"石头所记之故事"，故称《石头记》。相传作者曹雪芹喜爱怪石，也善画怪石。石头跟大观园的庭园空间一样，在刻上故事后，才有值得一提的价值。

替大自然命名

造访中国各地风景区，可以见到很多"比拟"的例子。例如日本人熟知的观光地——杭州西湖，东南面有"吴山"风景区，这里有许多著名的地形，如"巫山十二峰"。"巫山十二峰"俗称"十二生肖石"，沿山道相连的奇岩，外形姿态酷似十二生肖，分别用"盘龙"、"伏虎"、"牛背"、"蛇头"、"鸡颈"、"猪嘴"、"猴攀"等名称来比拟。

位于广西壮族自治区东北部的桂林，也是日本人熟知的景点。在日本一提到中国，马上让人联想到桂林。桂林这地方，总是吸引大批日本观光团前来造访。现在先去有名的钟乳洞看看。在介绍桂林的观光指南上，最先推荐的是有"大自然艺术宫殿"之称的"芦笛洞"。洞内布满大量奇特形状的钟乳石，世人对于这些自然造型，分别冠以各种美称，如"水晶宫殿"、"远望山城"、"雄狮送客"等。

接下来到另一个洞窟"七星岩"瞧瞧。这里有"女娲补天"、"石林幽境"、"银河鹊桥"、"九龙戏水"、"雾海云山"、"万里长城"、"蟠桃送客"等四十多处"被命名"的奇岩。明代末期，十七世纪的旅行家、地理学者徐弘祖（1586—1641）曾两度造访七星岩，并将置身洞内时所作的详细观察记于其著《徐霞客游记》内。他在七星岩洞内燃松明以照路，目击当时业已用比拟手法冠上"花瓶插竹"、"八仙"、"馒头"、"凤凰戏水"等美称的奇岩，他还用"弄球之狮"、"卷鼻之象"等文词来形容洞内的钟乳石。七星岩从隋唐起便是著名的观光地，到了明代，被"命名"的岩石在数量上应该有很多。而且岩石的表面上，至今仍刻有许多诗文。

现在请离开洞窟，乘船沿漓江而下。我们立刻就遇到"宛如一头大象将鼻子伸进水中喝水"的"象鼻山"。该处景观称作"象山水月"。继续沿江而下，有"宛如两只雄鸡隔江相斗"的地形"斗鸡雄峙"。再往下行，则能欣赏到"仙人推磨"、"桃源赏月"等奇景。

在中国，风景区的自然景观，要冠上大致由四个字构成，并出自"宛如某事物"之比拟手法的美丽词句，才能成为值得欣赏的"自然景观"。

这种情况不只出现在桂林和杭州两地。风景区的导览手册里，只重视"被命名的地形"，甚少关注"被命名的地形"以外的景观。从中国人对自然景观的价值观来看，总觉得"自然"被忽视了。这跟日本人视"自然"与"人工"相对的情形并不相同，两者根本无从比较起。在中国人眼中，相对于"人工"的是"天工"，而"天工"是"上天的创造"之意。虽然从结果来看系指"自然物"，但这"天工"和日本人所说的"自然"，在本质上是不同的。

就结果而论，大观园的命名行为，和桂林奇岩的命名行为是相同的。这点确实很有趣。如果说大观园是"人工的自然景观"，那么桂林就是"天工的自然景观"了。而且两者都是透过"比拟"的文学手法，被取了"名字"的。在此，"人工"和"天工"的差异，已没有什么意义可言。不论是"人"造之物，或是"天"造之物，惟有让具文学天分的命名者取个好名字，也就是透过赋予"文"化的方式，它们才能够找到自己的价值。

日本虽也模仿这个命名方式，但一如既往，不管怎么模仿，终究不如中国人来得彻底。造访中国的观光地，应该会发现，一切自然景观都是用这种在明示"中国人如何作比拟"的"文字"给装饰起来的。

比拟而来的自然

中国人对自然景观的认识，应是由"不经比拟即非自然"的惊人大原则所掌控。假设现在有个从中国人审美角度来看，极具观赏价值的美丽珊瑚，用不着学某国报社摄影记者故意在珊瑚上刻字的作为[5]，请看看中国有见识的文人吧！他们大概会喜孜孜地将珊瑚表面给削平，然后刻上诗句。这"珊瑚上的诗句"，必须颂赞该珊瑚之美，同时得带有人文典故。在中国人看来，"对珊瑚的破坏"，不是什么该受谴责之事，而是赞美"天工"的行为。

因此，即便是奇岩怪石，还是要被比拟成人间事物，才有欣赏的价值。巴尔特鲁萨提斯（Jurgis Baltrušaitis, 1903—1988）曾解明和"带有自然图纹之石头"有关的"错视"（visual illusion）历史[6]。此种"错视"，正是中国人擅长之处。

请翻开明代末年，十七世纪前期，文震亨（1585—1645）的造园学著作《长物志》。该书卷三《水石》，对用于造园和室内装饰的石头作了简单说明。据其所言，安徽省所产的"灵璧石"，呈"卧牛"、"蟠龙"之形者，品质为佳。又如"土玛瑙"，内部呈禽鱼、鸟兽、人物、方胜[7]、回纹之形者，其价甚贵。至于好的"永石"，则可见山水、日月、人物之象。中国人主张，犀角和象牙上的图纹，亦呈现类似的幻象。根据他们的说法，曾见过犀角出现日、月、星、云、山水、鸟、兽、龙、鱼，甚至神仙、宫殿的图像；而人物、鸟兽、龙鱼皆具，宛若一幅画的犀角，要价不菲。中国人是这么说的："犀因望月纹生角，象为闻雷花发牙。"

汉字的比拟结构

中国人在接受"自然"的过程中，无论如何都需要这带有"比拟"的剧本。惟有将故事注入其中，自然景观才有值得欣赏的价值。想一想，就连中国人所用的"汉字"，也可说是一种将"比拟"方法运用在字的形、音上，以表现自然界一切现象的文字。许慎（58?—147?）于东汉和帝永元十二年（100）编成的《说文解字》，是中国最早的字书。该书序文，讲述了极具象征性、又十分刺激的文字发明故事。

在汉字未发明以前，伏羲从鸟兽的形貌和自然景观的形状得到启发，创造了用来占卜的记号"八卦"。之后到了神农的时代，用"结绳"记事的方法治理天下，但由于社会上事情日益繁杂，无法应付所需，各种弊端也就产生了。等到黄帝的时代，史官仓颉从鸟兽的足迹获得灵感，创造了"书契"，也就是文字。

姑且不论汉字如何造出来的问题，像"汉字原本出自对动物和山川之形貌、形态的'比拟'"之类的神话，中国人可是时常把它挂在嘴边的，中国人对"比拟"的爱好，也深深渗透到汉字神话的背景里。

对中国人来说，非得把自然界的形态给转化成故事的词汇才行，而这种情感正是驱动"比拟"行为的能量。即便在讲述最早的文字发明传说时，中国人也掩饰不住心中这种情感。

自然景观如不带有能引发联想的人文故事，也就不属于可供中国人享受的文化，只能像个幽灵似的四处徘徊。没有抹上人味的"自然"，即得不到应有之"比拟"的"自然"，不具欣赏价值。

四、穿洞的月宫
—— 园林的神仙游戏装置

洞门的功能

为了顺利驱动叫作"园林"的娱乐装置，在这人造空间内，配有各种合适的零件，以便暗中将通过此空间的肉体或其视觉感受，带往能获得最大愉悦效果的境地。这种设计完美无瑕，当它照预定开始运作时，通过者的肉体将升华为神仙，其眼中所能见，也将如神仙的视觉感受一般。

这些重要零件之一，为穿过分隔园林内部各空间之墙壁的"洞"。这个"洞"，为连通此处园林空间和彼处园林空间的通路，一般称作"洞门"。它有圆形、瓶形、壶形、葫芦形和其他形状。为什么要把洞门作成葫芦形呢？ 关于这问题，我曾用指称此种通路的造园学术语"地穴"，和指称穿越地底之地道的地理学术语"地穴"作类推，自行提出解答（参见前文《宇宙蛋"Kun-lun"之谜》）。至于洞门最单纯的形态"正圆形"的意义，在此先搁下不谈。

"地穴"是连接现实世界和另一个遥远世界的通路。尽管在人类世界，这两个空间相隔甚远，不过只要穿过连接彼此的通路，移动上必经的空间和必费的时间就能一并缩减。对现实世界而言，彼端

74

图三十：圆形门经常用云纹作为装饰，暗示此门乃通往另一个世界"月亮"的通路。清末王毅卿
绘制的《红楼梦》插图。

空间为异界。因此在意义上,"地穴"、"洞门"和那通往桃源乡的洞窟相同。洞门被赋予了为人带来探索异界、巡游异界之愉快感受的功能。虽然洞门有圆形、葫芦形、壶形之别,然而在园林中,"穿过洞门"的行为,还是常常可以让人享受到以特异方法传送到另一个空间的愉快感受。

到月宫走走

中国的神仙故事不乏瞬间移动的题材。但其实,那亦是仙人施展神通的精彩场面。其中最为人熟知者,应是唐玄宗瞬间移动的故事。

正月十五日元宵节夜里,唐玄宗到洛阳的上阳宫观灯。玄宗见灯景大悦,召道士叶法善前来观灯。叶法善观看一番,说:"灯景的盛况,固然没有其他地方比得上,不过西凉府(甘肃省)今晚的灯,只比这里稍差一些。"玄宗问:"您刚才去过?"法善说:"我刚从那儿回来,就蒙陛下急召。"玄宗说:"现在朕也想去,行吗?"法善说:"这简单。"他叫玄宗闭上眼睛,然后两人往上一跳,便跃上高空。不一会儿工夫,已抵达西凉府。观赏完灯景后,又闭上眼睛腾空而上,一会儿已回到宫中。

和这种为观赏灯景而飞到远方的主题相类似的故事有很多。泽田瑞穗的《观灯飞行》[8]一文介绍了其中几个故事,其中唐玄宗的故事算是比较早的。虽然这故事没有出现"地穴",但"飞行"行为本身,不就等同于"地穴"装置吗?

刚才提到的故事,出自《太平广记》卷二十六所引之《集异记》。该书还记载了类似的故事。八月十五日中秋夜里,叶法善和唐玄宗一起到月宫去游览。玄宗听了月宫中演奏的乐曲《紫云曲》,暗中记下声调,回去后把曲谱写了出来,便是后来白居易(772—846)

在《长恨歌》中提到的《霓裳羽衣曲》。

　　这个故事更详细的版本，见于《太平广记》卷二十二所引之《逸史》。只是在《逸史》里，在宇宙飞行的英雄并非叶法善，而是罗公远。据其所记，某年中秋夜里，唐玄宗正在宫中赏月。身旁的罗公远上奏说："陛下想不想到月中看看？"随即把手杖扔向空中，变成一座银色的大桥。公远请唐玄宗一同走上银桥，大约走了几十里，来到一座精光夺目的月宫前。只见数百名仙女，在广庭中随音乐翩翩起舞。玄宗问说："这是什么乐曲？"罗公远说："是《霓裳羽衣》。"玄宗凝神静听，暗中记下声调。观赏完后，两人再从那银桥返回。途中回头一看，银桥已随着脚步，逐渐消失在身后。

图三一：描绘帝王获邀入月宫游玩的插图。图中圆形的月亮，不是代表球体表面的土地，而是作为通往另一个世界的门。出自明代《大备对宗》。

穿过月洞门

　　编写星际探险文学史的尼科尔森女士，著有《月球旅行记》（*Voyages to the Moon*）一书。中国皇帝透过特异方法，在长安和西凉府之间传送往来，以及到月宫旅行的故事，足以补充此书内容，中国研究者理应将这些故事献于女士灵前才是。然而这里面该注意的是，这些故事的发生时间，都在农历十五日夜晚。

　　农历十五日夜晚，天

上出现的月亮是正圆形的满月。中国园林中的圆形洞门，一般称为"月洞门"、"月光门"、"月亮门"。穿越圆形洞门的行为，对毫无想像力或者不清楚穿过圆形洞门相关故事的人来说，未必感到舒畅愉悦。解读它的形状和名称迫使中国人拥有怎样的想像力，才是问题所在。

中国人认为，通过了圆形洞门，即踏进了月宫里。跨过一座月洞门，那里一定是有着仙女随《霓裳羽衣曲》起舞的月宫（＝天界）。再跨过一座月洞门，则又瞬间传送到另一个月宫里去。通过月洞门的行为，等于从某一月宫瞬间移动到另一月宫，也就是玩起类似唐玄宗进出月宫的游戏。

在地底潜行，在空中飞翔，皆是和穿过圆形洞门相同的行为。走入象征死则再生的月洞门时，要是想起唐玄宗的故事，便能体验飞往月宫之旅，从中感受到舒畅愉悦。对于园林中"门"的功能，我是如此解读的。英国牛津大学 1986 年出版的中国传统建筑概论书，书名就叫《穿过月洞门》（*Through the Moon Gate: A Guide to China's Historic Monuments*）。十七世纪以来，西方的幻想旅行故事里，被视为目的地的月界，其形象和中国的月界形象交叠在一起，而其月界语则被描写成酷似中文的语言。由此看来，《穿过月洞门》这书名实在意味深长，值得细细体会了。

圆形的门或窗，常用来说明框景效果 [9]，而其框架其实是借用月亮的外形。中国的园林，散见此类圆形题材。墙上设有圆洞门的凉亭，就像是多面的月亮。置身凉亭内部者，则宛如月中之人。太湖石的孔穴，也可说是无数个翻转的月亮。杭州西湖的湖面上，有三座人称"三潭印月"的石塔。这三座石塔最初由北宋苏轼（1037—1101）所建，之后历经数次改建。每座石塔均有五个小孔，在塔内点上灯烛，孔外贴上薄纸，宛如湖中的灯笼。于是，人工的月光，便

图三二：描绘杭州西湖三潭印月的插图。月亮像是被湖中三座石塔捕获似的倒映在湖面上。出自清代《西湖志纂》。

倒映在湖面上了。不过或许应该说，就好像这些石塔真具有这种功能似的，至少中国人自己很喜欢在西湖的观光手册上这样注明。

不存在的月亮

实际上，在这里隐约可见中国人园林思想的关键特质。换言之，不论穿过月洞门游月宫，或透过月形窗框景，或西湖的三潭印月，中国人看到的已非真正的月亮。明代谢肇淛的《五杂组》，曾就园林建筑的重要零件"假山"说："然北人目未见山，而不知作，南人舍真山而伪为之。"中国人对山的看法，先前文章已约略谈过（参见前文《假造之山、怀胎之山》）。该文的结论为，像山这种大自然的造化，仍须透过"比拟"手法操作，让山变成人类活动地点的故事后，始生出意义。就算是天上的月亮，在中国园林里，也被彻底改造成人造的月宫，并获得了能流传于世的故事——如"西王母"、"嫦娥奔月"之类和月亮有关的神话，或是唐玄宗月宫之旅的故事——之后，才能成为中国人的娱乐装置而运作吧！在他们的园林内，堆积的石头，乃是湖底之石而非地上之石；筑起的山，则是现实上不存在之山。就像这样，构成园林风景的零件，不但取自自然界事物，还是彻底排除自然界事物的一种反常的自然，同时也是应有世界的风景。而那月亮，便作为连接各个异空间的移动装置而运转。

由此看来，认为中国人的园林是游赏自然、回归自然的场所，可是非常荒谬的想法吧！不晓得其中缘由道理的外国人，要是误以为园林是中国人的大自然缩景，而在园内忘情欣赏自然之美，其实也不是坏事啊！

五、圆明园的喷泉与永动机幻想

为观看喷泉而建造的西洋楼

下面这则故事发生在清咸丰年间，也就是十九世纪中叶。有一天，翰林院某位官员（为了该官员的名誉着想，他的名字就不跟各位说了）蒙咸丰帝在圆明园召见。官员抵达圆明园时，时间尚早，宦官便先带他到园内的小屋中休息。官员在屋内坐了很久，忽见小桌上摆有一碟蒲桃（葡萄），共计十余颗。蒲桃是南方出产的水果，当时才五月，应该还没成熟才对。官员觉得很奇怪，拿了一颗吃进口中，其味鲜美。不一会儿，却感到腹热如火，阳具忽暴长尺许。不巧当时穿的是薄纱衣，无法遮掩翘举的阳具。当然不可能这样去拜见龙颜，于是他急忙弯下身以手按住下腹部，倒地大喊："好痛！好痛！"

图三三：描绘圆明园海晏堂的铜版画。

听到喊叫声而赶来的宦官，问："出了什么事？"官员谎称："腹部突然剧痛，痛到无法忍耐。"宦官大惊，取药让他服下，但疼痛不但没有减缓，反而更加剧烈。宦官没奈何，只得派人扶他从园旁小门出去。当他走出圆明园的时候，仍是弯着身体不敢直立。

位于北京的圆明园，是由圆明园、万春园、长春园等三园所构成。圆明园始建于康熙四十八年（1709），到咸丰十年（1860）遭英法联军焚毁为止，历经了康、雍、乾、嘉、道、咸六代一百五十年的岁月。

乾隆帝时代建成的园区建筑，是模仿欧洲洛可可风格而极为著名的"西洋楼"。

乾隆十二年（1747），乾隆帝偶然见到一幅西洋铜版画，立刻对

画中的喷泉产生了兴趣。他问传教士郎世宁（Giuseppe Castiglione,
1688—1766）有谁懂得建造这种喷泉装置，郎世宁便向乾隆帝推荐蒋
友仁。

就这样，在长春园内建起了欧式庭园。建筑物部分，由郎世
宁、王致诚（Jean Denis Attiret, 1702—1768）、艾启蒙（Ignatius
Sichelbart, 1708—1780）等人负责督造。至于喷泉，则交给蒋友仁来
设计。

欧洲的水力机械传来中国，并非始于此时。明代末期，徐光启
（1562—1633）的《泰西水法》、《农政全书》和传教士邓玉函（Jean
Terrenz, 1576—1630）的《远西奇器图说》已有水力机械的图解，而
这些水力机械主要都是农耕用机器。成于乾隆九年（1744）的《御
制圆明园图咏》，可见到"（园内）用泰西水法（即欧洲的水力机械）
引入室中以转风扇"之记载，但观赏用的喷泉，还得等数年之后，
才出现在众人面前。

设有这种喷泉装置的洋楼群，花费十余年时间建造完成，是乾
隆帝自夸的宝物之一。乾隆五十八年（1793）英国使节团来访之际，
得意洋洋的乾隆帝还派人带全权大使马戛尔尼（George Macartney,
1737—1806）参观西洋楼的喷泉。不过，马戛尔尼在日记里只约略谈
到中式庭园，对喷泉则是只字未提。毕竟对当时的欧洲人来说，喷
泉和西洋楼不算什么稀奇的东西。另外，自乾隆三十九年（1774）蒋
友仁病逝之后，喷泉的汲水装置失去作用，改以人工汲水的方式供
水。尽管只有皇帝游园时才用这种方式，但西洋楼的喷泉可说已失
去了刚建成时的光彩。

乾隆五十年左右，由传教士和中国技师联手制成的二十幅铜版
画，保存了昔日欧式庭园的风貌。这里附上其中一幅铜版画，它画
的是"海晏堂"的喷泉装置。位于中央的喷水池，其两侧置有十二

生肖的铜兽。每到一个时辰，相应的铜兽就从口中喷水注入池中。这座奇特的建筑物，巧妙地将西洋风味和中国风味融合在一起。关于这些铜版画，今后还得仔细研究才行。

幻想的黄河源头

在乾隆帝为喷泉所吸引的三十五年后，一部冠以"钦定"之词的水文地理学书籍编成了。此书乃是谈论"河源"，即"黄河发源于何处"的《钦定河源纪略》。不过此书所说的黄河源头，和我们现在"黄河发源自青海省的巴颜喀拉山脉"的认知，有着显著差异。根据《河源纪略》的说法，源自帕米尔高原的塔里木河，向东穿过塔克拉玛干沙漠的北边，再注入沙漠东边的罗布泊，然后其水在地底伏流，从青海省的源头星宿海冒出地面，成为黄河。在此之前，实际上是沿用汉代以来，根据张骞报告而形成的说法，但乾隆帝又加入另一个幻想的系统——青海省的黄河源头处有叫作"北极星石"的巨石，其上有天池，自罗布泊伏流的河水，即从此天池涌出。在见过圆明园喷泉的我们眼中，不禁会把《河源纪略》里的北极星石，幻视成拥有罗布泊这类贮水池的巨大喷泉装置。

伊甸园是欧洲庭园主要的题材之一。伊甸的中心处有四条河川发源的涌泉，为了仿造这水系，也就得研发兴建喷泉装置的造园技术。欧洲人企图窃取宇宙原理的永动机研究，其中有一部分是为了表现伊甸园的空间结构，而参与了毋需人力之喷泉汲水装置的研发工作，这点是值得大书特书的。

在享受"伊甸园、喷泉、圆明园"一连串联想的过程中，我的幻想终于来到了黄河源头的北极星石处。当我试着思考是什么样的丝线串起这些联想时，我想到了荣格在其著作《心理学与炼金术》中对那张描绘庭园喷泉的插图所作的说明："被围墙围住的庭园里的喷泉，意谓'逆境中的永恒'，而那正代表炼金术的状况！"[10]

　　过去，康熙帝曾为了确认大清帝国在空间上的统治根据，命人编成空前的全国地图《皇舆全览图》。乾隆帝则不断向永不干涸的水流，即"喷泉"之形象，寻求帝国在时间上的统治根据，也就是作为永恒帝国的证据。最终他寻得的是圆明园的喷泉装置，还有数十年后的黄河源头。

　　众所周知，古代中国的帝王，为求长生不老而热中于炼丹术。不论采用何种形式，寻求永恒帝国的证据，始终是身为帝王者首先应尽的义务。如此说来，吃下传说中的仙果，便可让器官永不衰老停歇的愿望，和喷泉装置、黄河源头都属同一系的永动机幻想。

　　这座独属于清朝皇室的"禁园"，能够自由谈论它的文字纪录出奇地少。一百五十年间，在这座叫作圆明园的神秘实验室内，到底有什么活动在进行呢？

六、金鱼盆里的畸形宇宙

　　酷爱玩赏小动物的南宋皇帝赵构（1107—1187），派人于临安（今日的杭州）兴建寝宫德寿宫时，还不忘在宫中建造饲养金鱼的水池。当时的士大夫也从而仿效，纷纷在自宅建造金鱼池，掀起了空前的金鱼饲养热潮。于是，在中国出现了拥有金鱼饲养和品种改良的特殊技能、并以之为生的人，也就是卖金鱼的商贩。

　　梁代任昉（460—508）的《述异记》记载："晋桓冲游庐山，见湖中有赤鳞鱼。"这种红色珍种的野生鲫鱼，被人捉到后再经过育种，就成了金鱼。明代的博物学著作《本草纲目》（1596）指出金鱼的饲养始于宋代，又说"今则处处人家养玩矣"，可见明代已兴起玩赏金鱼的风气。当时还出现《考槃余事》、《群芳谱》、《金鱼品》、

《朱砂鱼志》等详述金鱼品种和饲养方法的文献。

　　相对于"盆栽"这种以人工方式栽种、培育植物的行为,"盆养"则是指在装满水的水缸或水盆中饲养金鱼。只要往盆内望去,便能欣赏水盆所隔出的圆形封闭水世界里游动的金鱼。这种从明代开始流行的饲养方法,势必促成金鱼品种改良。生活在与外界隔绝的狭小空间内的金鱼,在从空中俯瞰它们、叫作人类的"神",亲手挑选和淘汰之下,遂演变出讨人喜欢的外形特征。后来,达尔文(Charles Darwin, 1809—1882)就在《物种起源》(*On the Origin of Species by Means of Natural Selection, or the Preservation of Favoured Races in the Struggle for Life*)和《动物和植物在家养下的变异》(*The Variation of Animals and Plants under Domestication*)中,举金鱼和桃、竹、米、猪、鸭等许多中国动植物的例子,来阐述人为选择的作用。金鱼盆可以说是人造的加拉巴哥群岛(Galápagos Islands),而金鱼也可说是栖息在该岛,并展现和在空中完全不同形态的雀鸟吧!

　　中国人非常喜欢金鱼。例如他们有题为"金鱼满堂"的通俗版画,这种版画称为"年画",过年时贴在自家的墙上。一般来说,大多是升官发财、健康长寿、多子多孙等吉祥喜庆类的题材。在年画的世界里,汉字往往能发挥同音异义的功能,如"金鱼"和"金玉"同音,"有鱼"和"有余"同音,养金鱼之池的"金鱼塘"和富裕人家的"金裕堂"同音等等。此外,还有题为"鱼龙变化"的年画。这类年画的主题,虽是讲鱼变身为龙的故事,绘制时却是按照"金鱼的水盆里常升起云气,然后有龙从里面出现"的构想来画的。

　　金鱼能在水盆里达成特殊的演化,也是因为水盆对金鱼来说,是一个封闭的宇宙。人类都能够拥有各自小小的微型宇宙。壶中的宇宙即"壶中天",就是中国人喜爱的构造。石泰安(R. A. Stein, 1911—1999)在《远东的缩景庭园:小宇宙》(*Jardins en miniature*

图三四：三位活泼可爱的孩童正低头瞧着玻璃盆内的金鱼。出自《吴友如画宝·古今人物图》。

图三五：上海妓院一景，可见到不透明的金鱼瓮和透明的金鱼盆。出自《吴友如画宝·海上百艳图》。

d'Extrême-Orient, le Monde en petit）里论述说："对想拥有私人小宇宙的中国人而言，'盆栽'即是此种构想的具体实现。"如果说盆栽是他们的植物乐园，那么能让金鱼生存的水盆，就是藏有动物的壶中天吧！俯瞰金鱼盆的中国人，以造物主的身分，在水盆的天界上统治着底下被他们创造出来、叫作"金鱼"的生物。在水盆里游来游去的水生动物，和盆栽里的植物一样，都是被神——庭园的主人——彻底加工过的艺术品，即神圣的畸形生物。

明代的造园学著作《园治》有"金鱼缸"一项，但该处所说的金鱼缸，是指把糙缸埋在土中而成的金鱼池。明代另一本造园学著作《长物志》，设"朱鱼"项谈论金鱼。从中不难发现，金鱼是构成庭园这种微型宇宙的零件而正运作着。

中国人偏爱畸形动植物的习惯，是从对建造这类微型宇宙的需要中渐渐养成的吧？ 中国庭园里面所有的构成零件，只是想呈现和现实相反的形态。山是不存在的理想之山，岩石是取自湖底、地表上不存在的多孔穴皱褶的太湖石。如果说经人彻底加工的植物是盆栽，那么经人所培育而成的动物就是金鱼了。日本人提到庭园时，常认为庭园是保存"自然"、欣赏"自然"的地方。可是中国人的庭园学，却告诉我们要彻底排除"自然"，并建造几可乱真的虚拟"自然"作为替代物。为什么有这样的差别？ 到现在仍是未解之谜。

七、海上蜃楼图谱

"海上"，为上海的别称。海上漱石生、海上说梦人、海上觉悟生，都是清末民初上海小说家的笔名。"蜃楼"，为光线折射所产生的楼阁、城市等虚幻景象，亦称"海市蜃楼"。距今一个世纪以前，密布于"海上"一地的各种楼阁，如今只留下部分残骸。特别是青楼，大都已和鸦片烟雾一起消散。惟有在翻阅当时绘本或读本的闲人脑中，青楼偶尔会以幽灵之姿，隐隐约约地出现[11]。

世上有所谓"返魂香"。据说，只要点燃此香，便能和想见的死者相见。现在我手上的返魂香，用火把它点燃，或许是心理作用，眼前竟冒起一阵带有鸦片味的烟雾。凝神一瞧，烟中浮现出的，正是百年前的海上蜃楼。

傍晚时刻的四马路[12]，马车和东洋车（人力车）往来不绝，显得热闹非凡。不论哪辆车上都坐着精心装扮的妓女，或抱琵琶，或持三弦，由车夫载往工作地点。

图三六：上海四马路发生的交通事故。出自《点石斋画报》。

　　一栋宏伟气派的楼阁面对着四马路，其上挂有"品玉楼书场"的看板。"书场"，是旧时听说书的地方。而在此处，说书的工作专由"女说书"，即女性担任。以说书为职业的妓女，被称为"先生"。

　　"来个一曲听听！"一位客人啜了口茶，出声喊道。堂倌一听，连忙赶上前来。

　　"您要指定哪位先生？"

　　"就江秋燕吧！"

　　"是！——那，要点什么曲目？"

　　"这个嘛，——《拔兰花》吧！"堂倌迅速把手中戏牌的文字给排好。只见上头写着"江秋燕　拔兰花"几个字。

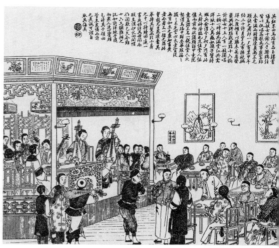

图三七：（左）妓院的宴会风景。（右）位于四马路的书场"品玉楼"的风景。均出自《点石斋画报》。

"好！好！"男子频频点头。堂倌到讲台上，把刚刚排好的戏牌挂在讲台角落的柱子上。接着，女仆捧着水烟袋走了过来。

"是这位啊！"——男子点了点头，接下水烟袋。

台上的先生，名叫江秋燕。点曲的客人会拿到水烟袋，看这水烟袋落在哪位客人手上，她便对这位客人投以讨好的微笑。

前奏的琵琶声刚响起没多久，江秋燕那宛如天籁的高亮声调，马上就传遍了整个书场。

> 东方日出照窗纱，佳人对镜插兰花。
> 看见兰花想起他，无奈我心乱如麻。

江秋燕拉长声音唱完一段开场后，紧接而来的是琵琶的伴奏。

"好！好！"台下顿时响起一片喝采声。

图三八：日前，竟有风流和尚上东洋茶馆寻欢。出自《点石斋画报》。

　　这虽是在书场表演评书、评话，但正确来说，是上海特有的说唱艺术，称作"花鼓戏"、"本滩"。借用当时"有识之士"的说法，这种表演"所唱皆淫秽之词"，故为煽情味浓厚的曲艺。民国成立后，"本滩"改称"申曲"。抗日战争后，始定名为"沪剧"。"沪剧"每逢改名，便删去"淫秽之词"，于是渐渐失去了原本的面目。若与日本花柳界的曲艺，如"清元"、"小呗"、"端呗"[13]等相比，中国的曲子用假音来唱，显得十分热闹。这跟日本艺妓一边弹三味线，一边轻声唱曲的情形大相径庭。

　　附带一提，在五光十色、杂乱失序的上海，西洋妓馆和东洋妓

图三九：苏州籍妓女。出自杂志《小说时报》。

馆栉比林立。清末的上海旅游指南《沪游杂记》（葛元熙编，光绪二年，即 1876 年刊行），有"东洋戏法"一项，记载了日本人走钢索和脚顶巨鼓的杂耍表演。日本给近代中国带来的，可不只有东洋车而已。

　　"前阵子啊，坐了马车到北部去，就是去虹口啦。我还是初次进到东洋茶馆里呢！上二楼喝了杯茶，感觉跟中国的有些不同。日本人个头小，他的茶碗也造得小。茶碗底下铺了小小的托盘，日本茶点就摆在这盘上。身旁有日本艺妓作陪，可是这位太乖太安静了。虽然她也会弹三弦唱小曲，但实在唱得不怎么样。是有人喜欢这样的艺妓，不过对我来说，去听个一次也就够了。——好！好好！怎样？这么动人的声音可不常见哩！瞧，歌声就是从秋燕先生那可爱的小嘴唱出来的。嗯，艺妓还是中国的好，尤其姑苏（苏州）的更好。什么？你问江秋燕是不是姑苏人？当然是啊，我可以保证。你问我真的假的？你还真会怀疑呢！最近啊，就连不是姑苏人的艺妓，也开始像留学生那样在速成科学会苏州话，如果问她故乡在何处，她会回说'倪是来浪姑苏生格哉'。在这世上，不骗人是混不下去的，这正是嫖界的怪现象哩。总之，秋燕先生是真正的姑苏人。你应该很清楚在下是精于此道的吧？喂，你看，下一段要开始啰！让我瞧瞧，曲目是《庵堂相会》啊。"

这位男子，既然自号"海上闲暇生"，那么方才所说的应该就是上海话了。上海话、苏州话等江苏、浙江一带所用的方言，一般称为"吴语"。方言这种称呼，是相对于"普通话"——即中国以北京话作为基准的共通语来说的。不过，因为当时上海的妓女有很多是苏州人，吴语，特别是苏州话，就成了上海当地娼妓业的共通语言。在这样的情况下，出现无视于普通话"普遍共通"的优势，而想用吴语将清末上海的娼妓界写成小说的作者，也就不足为奇了。韩邦庆（1856—1894）的《海上花列传》（1892）和李伯元（1867—1906）的《海天鸿雪记》（1904），就是这类用吴语写成的小说。

"对了，你知道最近出了这本书吗？"海上闲暇生用发黄的手指从怀中抽出一本线装书。同行的男子把书拿了过来，看到那经多次翻阅而显得破旧不堪的封面上，写着"海天鸿雪记 第一本 世界繁华报馆刊"十五个字。

"怎么样？稍微看一下里面的内容嘛！像你来到上海没多久，只会从字面上来读的话，是没办法看懂它的。嗯——举个例子来说，这边不是有个'耐'字吗？瞧，这里也有。——喏，还有那里也有。这几个字啊，都不是原有的'忍受'、'忍耐'之意，而是相对于北京话'你'的苏州话。你也知道，苏州话的'你'读作'nei'。由于'耐'字在苏州话的发音上恰好近似'nei'，于是就把'耐'字借过去用，而'耐'字原本的'忍受'、'忍耐'之意，也就完全不顾了。事实上，这部小说的对白部分全用苏州话写成。例如这里的'耐那哼晓得倪来里该塔',用北京话来说是'你怎么知道我们在这里'。嗯？你是说真有人写这么复杂的书吗？没错，正是如此。反正你给我听好，在上海的妓馆，用北京话跟人交谈，那叫不识相——哎唷，时间不早了，我也该滚啦！说笑说笑，其实是庆兴楼那边有场酒宴，不去露个脸实在说不过去。这本书就先借给你吧！那么，告辞了。"

海上闲暇生和同行男子告别后，一个人穿过一堆桌椅来到外头。门前排满了东洋车，他招来一辆车坐了进去，离开笙歌缭绕的品玉楼书场。

不久便来到庆兴楼酒馆外。他报了名字，在小二引领下往里面走去。随后进入门额上题有"花坞春深"四字的房间，房内有八位男子谈笑哄闹着。这些人都是旧识。海上闲暇生上前拱手打了招呼，看见圆桌上杯碗旁边散置着许多印有"庆兴楼"字样的局票。

"大家都写好了。闲暇君，你要叫哪位？"——听人这样一说，闲暇生赶紧赔不是。"因为有点事情啦，到刚刚都还跟朋友待在书场。"他边说边拿起一叠已经写好的局票，笑嘻嘻地查看。看完后便扔在桌上，然后再拿起三张空白的局票，两三下就写好了。

不论哪个时代和国家，全由男性举行酒宴的例子并不多。在中国，召艺妓、歌妓之类的"先生"到宴席上陪酒所用的纸条，称为"局票"。召妓者在票上照"招　〇〇先生　速到　〇〇酒楼　侍酒勿延　〇月〇日"的格式填写，再签上自己的姓名，然后由男仆或女仆送到妓馆，通知该名妓女前来[14]。

人类对一切事物都想划分上下等级，就连上海的妓女也要分等级。

最上等的妓女称为"书寓"，以下照收费价格分为"长三"、"二三"、"幺二"。例如"长三"，招来陪酒要三元，过夜也要三元，像骨牌中两个三点并排的长牌，故而得名。至于"幺二"的"幺"，

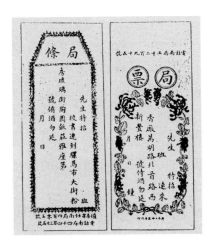

图四十：民国时期北京的局票。亦称局条。出自中野江汉《支那的卖笑》。

则是"一"的意思。然而这些名称的划分也未必严密，如书寓和长三之间渐渐不再有明确的区别，以及二三和长三混用，而二三逐渐消失等等。此外还有下等妓女"花烟间"和暗娼"野鸡"，这类下等娼妓往往和小流氓一同出没于海上楼阁之间。

没多久，接到局票的先生，在大姐（未婚女仆）、娘姨（已婚女仆）的伴随下，陆续进来陪酒。同一时间，美酒和佳肴也接连端上桌来。

"八匹马！""七巧！"——带有几分醉意的两名男子，开始划起酒拳来。两人面前摆放着各式各样罚酒用的小酒杯。旁边有大姐代喝罚酒，喝得脸颊都已泛红了。

而海上闲暇生从刚才起就拉着邻座男子，偷偷对先生品头论足一番。

"那位先生还是第一次见到，她叫什么名字啊？所谓摩登妓女就指她那种的吧！往年，有位叫胡宝玉的名妓，带起前刘海（留至额前齐整的短发发型）的流行风潮，一跃成名。最近啊，发型如百花争妍，令人目不暇给。在下也为研究嫖界忙得不可开交，几乎想把闲暇生的别号给还回去了。"

闲暇生本打算仔细观察、研究这些"名花"，岂料众先生一哄而散，纷纷离开了酒楼——真可谓陆续来到又陆续离去。小说里面也散见这类描写，才觉得怎么把她们写得那么匆匆忙忙的，马上又

图四一：妓女为了男人争风吃醋，进而挥拳相向。出自《点石斋画报》。

在中野江汉（1889—1950）的《支那的卖笑》[15] 看到这么一段：

> 总之，叫支那的妓女到酒宴上，并非为了斟酒。基本上是
> 把她们当成客人招待。因此若要她们去讨好客人，那是不可能
> 的。……本身是歌妓的，就献唱曲子给大伙听听；不是歌妓的，
> 则陪人谈话，大约待个三十分便离去。

马车已将陆续离去的先生给载走。对了，那位海上闲暇生上哪
儿去了？

图四二：妓女出局陪酒。出自《申江胜景图》。

"已经到了。"——东洋车从四马路往东驶了一会儿，旋即向南拐，然后在下个小路入口处停了下来。车夫把把手放下。只见路牌上写着"西棋盘街"四个字。此时太阳已下山。下了车的海上闲暇生，将车资交给车夫，走向两层楼长形房屋之间的小路，随即在一座门前止步。眼前所见的是砖造的墙壁，涂成红木色的木造门扉，以及其上方带有雕花的石造博风板。这儿的门都挂着"○○○书寓"的门牌。他要进去的大门，门牌上写着"凌金莲书寓"。

闲暇生敲了敲门，不久里面传来"噔噔噔"的下楼声，随后开门锁的声音响起，"哪一位啊？"女子在门后问道。

"我哩！是阿金吗？"大门从内侧打开了，"哟，原来是闲暇少爷呀！"一位女子探头出来。

"先生在吗？"

方才说过，"书寓"系指称最上等的妓女，但"书寓"原本的意思是女说书的寓所。棋盘街、宝善街、荟芳里、尚仁里……这些都是描写上海的狎邪小说当中，常见的妓院密集地区。棋盘街以街道纵横排列形似棋盘而得名。"与宰恭到棋盘街一游，风流地狱，无是过于此，急急而去之。"这是何荫枬（清末人，生卒年不详）于光绪十四年（1888）所写日记的一段[16]。笔者曾在1982年造访棋盘街，那时的棋盘街已不见"地狱"的风貌，成了马路后的宁静小巷。

"嗯？饭喔，刚吃过了，不用啦。先速速把烟盘给端过来！"

海上闲暇生横躺在烟榻上。凌先生和娘姨阿金在房内谈了一会，随后阿金走下楼去，想必是被先生叫去休息了。先生两手端着置有整套吸烟道具的烟盘走了过来。她把烟盘放在烟榻中央的台上，然后在闲暇生身旁坐下。闲暇生开始用嗜抽鸦片者那种变黄但却细长的手指，不停玩弄先生旗袍的下摆。那动作，就像蚂蚁的触角轻飘飘地摆动而不知停止。而他的目光，一会儿盯着先生那配得上"金莲"美称的小脚尖，一会又瞧着她在烟盘上拨弄的手指。

先生打开雕有几何纹样的象牙小壶的盖子，只见壶内装满褐色液体。她右手掐着五寸长的金属针，用针尖沾起液体，放在冒着青焰的鸦片灯上烘烤。褐色的液体发出"滋滋滋……"的声音。先生继续用烤完的针尖蘸取壶内的液体，再放到灯火上烘烤。——如此反复进行，直到针尖上烧出褐色的小圆泡。

褐色的液体——烟膏，借凌金莲白皙细长的十指之助，顺利通过和炼丹术相似的过程——于是烧制出烟泡。

当时，有人无意间听到近来竟有哈巴狗吸了鸦片烟摇头摆尾、不胜欣悦之事，不禁悲叹：

图四三：学主人抽鸦片的小狗。出自《点石斋画报》。

"完了完了！"他立刻请画师将这可叹的情景给画出，并登在画报上，吁请国民重视。

鸦片不只能让人和小狗产生欢愉感。下面引用《海上花列传》的一段叙述：

> 双玉笑道："我说耐也勿该应忘记。我有一样好物事，请耐吃仔罢。"说罢，抽身向衣橱抽屉内取出两只茶杯，杯内满满盛着两杯乌黑的汁浆。淑人惊问："啥物事？"双玉笑道："一杯末耐吃，我也陪耐一杯。"淑人低头一嗅，嗅着一股烧酒辣气，慌问："酒里放个啥物事嗄？"双玉手举一杯，凑到淑人嘴边，陪笑劝道："耐吃。"淑人舌尖舐着一点，其苦非凡，料道是鸦片烟了，连忙用手推开。
>
> （第六十三回）

各位读者也许喝过加入莱姆汁、绿茶或牛奶的烧酒，但恐怕没喝过也没听过加入鸦片烟的烧酒吧！

淑人和艺妓双玉是青梅竹马，乃至互许终身，但后来淑人又和别的女子订婚。双玉自暴自弃，逼淑人生吞鸦片，履行同生共死之誓。鸦片经常用来作为自杀的毒药。

鸦片还能短暂促进性欲。只是过了那段时期之后，会发觉包括性交在内的一切快乐，都远不及吸食鸦片本身所带来的快乐。

一见到烧出烟泡，闲暇生立刻拿起如尺八般又长又大的烟枪，先握住它的一端，再将另一端直直压在先生的膝盖上。先生突然被吓一跳，不禁瞪了闲暇生一眼，又嘴角含笑继续做她的事。她左手手指紧紧抓住闲暇生传过来烟枪的一端，并把它固定住，然后灵巧操纵着右手手指所掐的针，将滋滋作响的烟泡塞进烟枪前端的烟锅里。闲暇生笑呵呵地吸了一口，再缓缓吐了一大团烟出来。"舒服舒服！"他一面自言自语，一面重新把烟枪放到鸦片灯上烘烤。

—— 就这样前前后后换了三次烟泡。故意装出一副"行家"模样的海上闲暇生，就像完全忘了言词似的不发一语。现在，他的嘴巴只是为了吞云吐雾的需要才存在。他的视线涣散，像刚才直盯着先生瞧的好色眼光，此刻已不复见。而先生也变身为在旁边帮忙烧烟泡的机器人。女体所带来的快乐，如今远远不及吸一次鸦片所带来的快乐。此刻全身能动的部位，只有闲暇生拿着烟枪微微颤抖的右腕，和每次吸入烟便隆起的胸口，以及为了满足鸦片所造成异常敏锐的触觉，而不断玩弄着两颗真珠的左手五根手指。耳朵能听见的，只有"呼呼"的呼吸声以及把烟枪放到鸦片灯上烘烤时所发出的"滋滋"声。

"—— 嗯？没了。"闲暇生嘀咕完，就抽了一大口，再吐出大量烟雾。弥漫飘动的烟雾那头，海上闲暇生的身影隐约可见。不知是烟雾飘动的关系，还是身影本身在晃动的缘故，只见他的头忽然摆动起来，辫发也扭动着在空中飞舞。就在此时，烟雾那头所有事物突然失去色彩，消失得无影无踪。

哎呀！返魂香已燃尽了——

注释

1. 译注：小尾郊一，《中国の隐遁思想——陶渊明の心の轨迹》（东京：中央公论社，1988）。

2. 译注：小尾郊一，《中国文学に现われた自然と自然観——中世文学を中心として》（东京：岩波书店，1962）。

3. 译注："胜地"为原文"リゾート地"一语之中译。原文中的"リゾート地"，音近"理想土地（リソートチ）"，为"理

想土地（リソートチ）"的双关语，表面上指"胜地"、"风景地"，实际上是"理想之地"的意思。"访胜"为原文"リゾート"一语之中译，除了表面意思"寻访胜地"外，还有另一层意思——"寻访理想之地"。

4. 译注：Möbius strip，一般的环状物有内外之分，莫比乌斯环则是把带状物内外反转接合而形成的环，因为尾端的外侧连接到首端的内侧，所以从环上任一点沿环面前进，则不断从外环行到内，再从内环行到外，没有终点。

5. 译注：作者在此暗指 1989 年日本著名的《朝日新闻》珊瑚报导捏造事件"。1989 年 4 月 20 日，《朝日新闻》（晚报）登出冲绳县西表岛珊瑚遭到破坏，被刻上 KY 两字的报导。但是，当地人士表示珊瑚过去从未遭破坏，质疑是报社记者所为。后来经过调查，证实是《朝日新闻》社的摄影记者故意在珊瑚上刻上 KY 两字，捏造出珊瑚被破坏的报导。最后社内与此捏造事件有关者分别遭到处分，社长也引咎辞职。

6. 参见 Jurgis Baltrušaitis, "Pierres imagées," in Aberrations: *Quatre Essais sur la Légende des Formes* (Paris: Olivier Perrin, 1957), pp. 47-72.

7. 译注：方胜，为两个菱形部分相叠而成的图案或纹样。

8. 收入泽田瑞穗著，《中国の伝承と説話》（东京：研文出版，1988），页一六七至一八八。

9. 译注：框景，是中国园林设计手法之一，利用园林元素所形成的框架将园中景物引入其中，产生景深效果。框架可由门窗开口、柱子及屋檐、花木枝干等形成。

10. 译注：见 C. G. Jung (trans. R. F. C. Hull), *Psychology and Alchemy* (Princeton: Princeton University Press, 1980), p. 175.

11. 关于中国的妓女，参见大木康《中国遊里空間——明清秦淮妓女の世界》(东京：青土社，2001)。

12. 译注：四马路，即今之福州路。福州路早年被称为"四马路"，是因为它是从当时最繁华的"大马路"南京路往南数过来的第四条大道。

13. 译注：清元、小呗、端呗，皆是以三味线（由中国的三弦演变而成）伴奏的民间小曲。

14. 译注：在当时，客人开出局票叫妓女前来陪酒，称为"叫局"。妓女应召出外陪客饮酒，则称为"出局"。

15. 译注：《支那の卖笑》于大正十二年（1923），由北京的支那风物研究会出版。

16. 译注：出自何荫柟《钼月馆日记》"光绪十四年八月二十九日"条。《钼月馆日记》收入1982年上海人民出版社出版的《清代日记汇钞》(稿本藏上海图书馆)。

III　怪物的午后

一、中式怪物大集合

《本草纲目》所见之世界

公元十六、十七世纪，在中国历史上是明末清初时期。这一时期的博物学非常有趣。李时珍的《本草纲目》(1596)、王圻的《三才图会》(1607)、宋应星的《天工开物》(1637)、徐光启的《农政全书》(1639)，这几部广义上的百科全书、博物学书，都在公元1600年前后出版。

可称作"博物学小说"的《西游记》也在此时成书，这种情况颇有意思。或许，这个时期社会经济和科学技术的发展提供了有利条件，使过去累积的知识得以整合起来，博物学遂以书籍的形式出现在世人面前。当时主要供市民消遣娱乐的白话小说，不太可能不用到博物学的知识。

李时珍编著的《本草纲目》，一般被视为本草学的代表著作。中国的本草学，就《本草纲目》的内容所见，和一般日本人的认知有些差距。它不单是药草方面的学问。五十二卷的《本草纲目》当然算是药物学书籍，只不过里面涵盖的对象极为广泛。下面列出《本草纲目》的目录，括弧内的数字为卷数。

序例（一—二）主治（三—四）水部（五）火部（六）

土部（七）金石部（八）石部（九—一一）

草部（十二—二一）谷部（二二—二五）

菜部（二六—二八）果部（二九—三三）

木部（三四—三七）服器部（三八）

虫部（三九—四二）鳞部（四三—四四）

介部（四五—四六）禽部（四七—四九）

兽部（五〇—五一）人部（五二）

很明显地，这目录大抵是照矿物、植物到动物的顺序来排列。不过里面却有让我们感到困惑的部名，即三十八卷的"服器部"。该部所说的"服器"，系指服饰和器具之类的日常用品。例如，病人衣服、草鞋、木屐的带子、上吊者所用的绳子、死人的枕席、日历、刀鞘、蒲扇、锅盖、蒸笼、渔网、缚猪的绳子、尿桶……这些日用品全都作为药用，其用法与疗效详细记载于《本草纲目》。俗话说，中国人除了四只脚的桌子不吃，其他什么都吃。实际上中国人很有可能连桌子都能吃。但是也不能就此认定"服器部"所见的日用品是巫术式的民俗疗法。像"尿桶"里就有人尿所含的各种成分。尿疗法在日本也相当有名。我听认识的人说，尿疗法满有效的。

上海公厕奇谈

以前我在上海留学的时候，有天骑着单车在外蹓跶了一会，然后就到南京路小巷内那间常去的公厕小便。原本大家都把尿排到底下的一条沟里，但是当天沟内并排摆着许多淡蓝色的水桶，每个水桶的开口处都装上了大漏斗。一时之间不知如何是好的我，往旁边一瞄，发现大家都把自己的炮口对着水桶方向拉尿，水桶里满是耀眼的金黄色液体。我也有样学样完成了这项工作，随后立刻拿出笔记本进行调查。仔细一看，那些水桶上印有"收尿专用"四个字。当我再把目光转向厕所内墙时，看到上面用红色油漆写着十六个汉字：

> 人尿制药，为民造福。
> 小便收集，变废为宝。

这几个看起来很像《诗经·国风》里会出现的文字，无疑是在宣告水桶的崇高使命。经过我努力调查，真相终于大白。原来采集的人尿用以提炼一种叫做"尿酸"的物质[1]，用来制造对中风和心肌梗塞有效的药物。换言之，上海的公共厕所，成了中药原料的采集场所，而这中药最大的客户是日本人。所以，我的尿液早晚会被吸收进咱们同胞的体内，转化成有益人体健康的营养素。这实在是很光荣的一件事。

如此看来，《本草纲目·服器部》所提到那些日常器具的药效，也不完全是乱说的。经由人类使用而渗透进去的各种化学成分，就成为治病的药。例如把上吊者所用的绳子烧成粉末，用水服下后，能让发疯的人痊愈；两年前的日历，于端午午时烧成灰，并揉成丸状，用水服下五十粒，可治疟疾。这类药物的效用尚待验证，不过如果有这种药，应该很棒吧？更重要的是，只要这药有趣就行了。

《本草纲目》从草部到木部谈的都是植物，虫部以后才讲动物。最让我感兴趣的，则是最终卷的"人部"。这"人部"，如字面所述，是"人类肉体如何作为药用"之意。不只刚才提过的尿液，还有大便、汗水、耳垢、阴毛、泪水、齿垢等等，这些吓人东西在医药上的用途，都一五一十记在"人部"里。至于这些东西是不是经由某些途径被送进制药工厂，我就不清楚了。我们通常不会把《本草纲目》当成怪物志来读，不过《本草纲目》的"人部"设有"人傀"一项，尝试说明异类所生之人、变性、变形、畸形等跟人类有关的妖怪现象。的确，《本草纲目》所见之世界，甚至把作为怪物的人类也给涵盖在内。

被人吃掉的怪物

1992 年 9 月 10 日的《朝日新闻》晚报登了一篇报导，全文如下：

未确认的"美味"生物

【北京支局九日】中国陕西省有村民从黄河支流捞起了"从未见过的奇特生物"，在国内造成轰动。据新华社九日报导，经省内动植物专家初步鉴定，该生物兼具动物与植物的特征，为了厘清真相，需要作进一步研究。它是一种像贝类的生物，外表呈黄褐色，摸起来软软的。八月二十二日发现的时候是二十五·五公斤，三天后变成三十五公斤。三位村民从它身上割下一些肉煮来吃，听他们说，"非常好吃"。

电视上也介绍过这生物，我记得它的直径约有一米。世上真的有兼具动植物特征的生物吗？这则新闻还有后续报导。同年 10 月 15 日的《朝日新闻》早报这么写道：

"美味"生物是菌类

【北京支局十四日】八月在中国陕西省的黄河支流被人发现而轰动全国的"从未见过的奇特生物"，经西安市的西北大学生物学系研究团队鉴定，是一种世界罕见的大型黏菌。一九七三年美国达拉斯也曾发现，但一周内就死掉了。这次发现的生物则还活着。它的外形似贝类，发现当时重二十五·五公斤。肉质鲜美，成为民众谈论的话题。

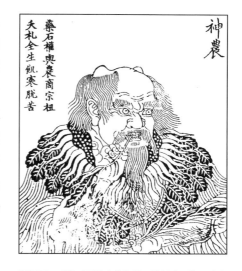

图四四：明代《历代古人像赞》的神农画像。神农教我们"带着书本，遇见东西就尝一尝"[2]。

这生物就是黏菌。它是一种介于植物和动物、活性和非活性之间，令生物学家南方熊楠（1867—1941）着迷不已的奇特生物。那么，一开始报导所说的"兼具动物与植物的特征"，应该没有什么问题。

这个"事件"当中，最让我感动的不是这奇特生物的特征，而是发现它的村民那句"吃起来真好吃"的证词。

中国博物学的方法论基础，就在于"吃"。在中国，神农氏是农业、药学和博物学的始祖，被人民奉为五谷与医药之神。与神农有关的传说故事，就在讲述他的这些事迹。相传神农曾入山亲尝百草，从味道来推断种类和药效。他还有一条神奇的红色鞭子，用它来鞭打各种草木，即可知草木的性质。画像里的神农，常常是拿着草类往嘴里送的模样。当我们遇见未知的东西时，应该先送进嘴里吃吃看。这是中国神话教给我们的道理。

可当成食物志来读的《山海经》

提到中国最古老的妖怪志，最迟至汉代成书的《山海经》是有名的一部。晋代陶渊明晚年的诗作《读山海经》，描写隐居山中的清闲生活，其中四句为："泛览周王传，流观山海图。俯仰终宇宙，不乐复何如？""周王传"，即西晋年间自战国魏襄王墓中出土的《穆天子传》，为记载周穆王西巡故事的小说。这四句的意思是说："一边泛读这新发现的古代冒险小说，一边浏览怪物图鉴《山海经》的插图，在低头昂首之际，我彷佛明白宇宙的奥妙，难道还有比这更快乐的事吗？"从这四句可以知道当时的《山海经》附有插图，但是那些图后来失传。现在看到的插图，都是明清时代重绘的作品。

明代以降的《山海经》图有许多版本。然而，以绘本以外的形式来描绘怪物姿态，在人类绘画史上，原本就有很长的历史。汉代墓室石块上所雕刻的壁画，即所谓"画像石"，上面画满了怪物。这类图画不只为死者，也是为了生者而画。东汉王延寿（140?—165?）的《鲁灵光殿赋》，提到建于曲阜的灵光殿，壁上画着奇妙的生物图。这生物图可说是具有"叙事性"的图像。《山海经》本文中，一些表示方位或描述人物动作的句子，是对图像的说明。由此可以想见，《山海经》是一部先有图后有文的著作。

《山海经》这部古代怪物图鉴中所列举的异形动植物，不只是对人造成威胁以及会袭击旅人的坏家伙，往往还是被人类吃掉的怪物。《山海经》清楚记载着吃什么怪物会有什么效果。例如，《山海经》第一卷《南山经》说，吃了外形如狸的野兽"类"，就不会心生嫉妒；又说，吃了鱼身蛇尾的怪物"虎蛟"，不但皮肤不会溃烂肿胀，还能治痔疮。《山海经》有关怪物的段落中，常可见到这样的叙述。的确，《山海经》可当成"水陆珍味"的说明书来读。只是，《山海经》明明是怪物志，为什么写得像食物志一样呢？

图四五:《山海经》插图。远古的怪物世界,看来很快乐呀!

《本草纲目》中万物的价值，未必仅限于"药用"的狭窄用途，而是依据"此物应如何处理才最适合食用"之标准来测定。这是本草学的方法论。《本草纲目》不只记载植物、矿物和动物，连尿桶、木屐带子、上吊用的绳子，在书中也被中国人拿来料理，最后进到他们胃里。

有一则美式笑话。"四川省一偏远地区出现了怪兽。最先发现怪兽的张君，打算立刻用电话通报给军方来处理。当他正要打电话时，突然想到：'等等，好像还有件事没做！'那么，各位知道张君要做什么吗？他回到怪兽处，割下它一只前肢，尝尝看滋味如何！当然得先用慢火炖煮一晚，沾上满满辣椒后，再来尝啰！"这个笑话是我私下想出来的，反正说给一般日本人听，也不会有人笑，所以不管怎样我都不跟人说。如今，类似事件出现在现实生活当中。这令我格外感慨。

在日本，若说到中国人与"吃"，最多只想到中华料理吧！阅读中国通俗小说时，就了解"吃"对于故事情节的发展，具有重大意义。就连大家熟知的《西游记》，也是由于妖怪"想吃"营养价值高的唐僧，才让故事继续发展下去。总之，本草学上"吃唐僧肉就能长生不老"的功效，对贤明的妖怪来说是基本常识。不论《三国演义》还是《水浒传》，"吃"在故事进展上常常具有重要意义，热诚的读者想必同意这个说法吧！

在我的印象中，中国的故事，是由构成中国人世界观的"吃"的形象所推动。因此，吃掉别的东西、也被别的东西吃掉的怪物，在中国人的故事世界里，就成了主角。

古代青铜器为填满空白处，在表面上刻有怪物"饕餮"的纹饰。它的兽面形象，正是填饱胃里空间的"饱食"象征。在神话世界中，饕餮被视为"贪婪好吃的怪物"。如果说饕餮在定义上是指这种贪

吃的怪物，那它可算是猪八
戒的祖先了。"猪八戒"不仅
是吃掉别的东西、也被别的
东西吃掉的危险怪物，还是
推动故事发展的装置。总之，
对现在的我而言，饕餮和猪
八戒可说是代表中国文化的
最高真神。

二、命名、分类与怪物
—— 象征"越界"现象
的怪物

命名生出了怪物

"地点＋基本物"是中国
人命名事物的方法之一。当

图四六：商代晚期（公元前十四至十一世纪）铜器
上的饕餮纹饰。

然，这种命名法不只中国人才有。我不清楚这方法到底适不适当，
不如举个例子说明好了。

例如，"豚"(猪的泛称)是陆地上原有的动物。后来中国人发现
一种栖息在海中的生物，发现者觉得这生物长得像豚，于是在他们
的生物分类学上，将这水栖动物命名为"海豚"。

在日本人的生物学词汇里，"イルカ（i-ru-ka）"这种生物，即
中国人所谓的"海豚"。其意为"海里的豚"。不过正确来说，不是
"海里的豚"，而是"海里像豚的动物"。这个"像……"的部分，已
纳入我们生物分类上的语言回路，所以有可能把它省略掉。接下
来举什么例子呢？请看下面的中文词语：

陆	海	水	河	江
豚	海豚		河豚	江豚
牛	海牛	水牛		
马	海马	水马	河马	

附有"海"的词语特别多，像海狗、海豹、海象、海星、海月、海扇、海狮、海熊。这些词语主要由"像……"的概念构成，不过也有注意到其他相似处的词语。例如日文词语里，有叫声类似猫的"海猫"（一种海鸥，中文名"黑尾鸥"），也有外形像栗子、美味可口的"滨栗"（即"蛤"）。"海参"一词，是相对于陆上"人参"的名称。清代王士禛（1634—1711）的《香祖笔记》就有"生于土为人参，生于水为海参"的说法。这些都是以陆上事物作为基本物而衍生出的词语，但也有以海上事物作为基本物而衍生出的词语。例如相对于来自海中的昂贵食品"鱼子酱"，则有便宜的代替品"陆上鱼子酱"。此外还有鹿尾菜（一种食用海藻，又称"羊栖菜"）和陆鹿尾菜（外形似鹿尾菜，茎叶可食，中文名"无翅猪毛菜"）、海上冲浪和陆上冲浪的例子。

十三世纪阿拉伯的博物学者卡兹维尼（al-Qazwini, 1203?—1283）也谈到了"海马（sea horse）"，并解释："海马长得像陆地上的马，有更长的鬃毛和尾巴。海马的色泽十分亮眼，蹄和野牛一样是分开的，身高则和陆上的马没有不同，比驴子稍微大些。""海马"，在日文里常被"セイウチ（se-i-u-chi）"（指"海象"，汉字作"海象"、"海馬"）、"タツノオトシゴ（ta-tsu-no-o-to-shi-go）"（指"海马"，汉字一般作"竜の落とし子"，亦作"海馬"）等词语借来当汉字名，可说是个很受欢迎的名字。

依照"地点＋基本物"的原则来命名，便能把尚未出现合适对象的空缺部分给填补起来。命名时先想像有个早晚会被发现的东西，当它一被想像出来，就变成了怪物。这好比是元素周期表，理论上应当存在却还没被人发现的空缺部分，借由怪物的活跃而填补起来了。当然，那些谈论怪物的人，并未一直带着这样的表，但在他们世界观的某处，应该藏有这种创生事物的母体结构。

名字和图像化离时

这些生物名字，皆由"像……"的部分构成。要是这些名字给不知道此命名法则的人看到，该怎么办才好？他一定以为自己碰上了从未见过的"怪物"。打个比方说，千年后的人类忘了"像……"的命名法则，而读到我们所写的"古文献"，那么他们很可能以为，

千年以前的地球有个猪、猫、熊等生物在海中游来游去、十分有趣的生物界。这情形就像只从字面上来理解"土砂降り"[3]一词为"砂土从天崩落"之意，而不管这词是用来比喻雨势又大又急。

前面表格有"江豚"的名称，这是一种栖息在长江的淡水豚。现代的中国，举出古代文献中的"鱀"和"江豚"，再依照物种特征加以归类：前者系指学名为"Lipotes vexillifer"的"白鱀豚"；后者系指学名为"Neophocaena phoconoides"的"江豚"。

白鱀豚目前面临绝种危机，中国在日本协助下正推动相关的保护政策。安徽省南部的铜陵市，是长江沿岸著名的港口城市。当

图四七：《古今图书集成》（1726）中的海豚。

地为了保护白鱀豚，现已设立白鱀豚养护场。1994 年春天，为了白鱀豚相关的亲善访问，我顺便去了铜陵。

我向养护场人员打听，得知里面养有江豚，而白鱀豚尚未能捕获到，所以没有养。铜陵市似乎打算把白鱀豚当成该市的象征物，不仅有"白鱀豚餐厅"和"白鱀豚宾馆"，甚至有"白鱀豚卡拉OK"。令人高兴的是，当地还卖"白鱀豚啤酒"。我在白鱀豚餐厅里，一边喝白鱀豚啤酒，一边想着这未曾见过的白鱀豚。各位如果想多了解白鱀豚，可以参考神谷敏郎（1930—2004）的《鲸鱼的自然史》[4]。

稍微离题一下。自古以来中国人把海豚比作豚，因此一开始提到的"海豚"和"江豚"之图像，就被画成"在波浪中漂流的豚"的模样（参见后文《八戒的漂白之旅》）。命名时被视为"像海里的豚"的生物，给人画成"海里的豚"的图像，怪物也就由此而产生了。

基于"像……"解释上的微妙差异，很可能产生怪物。其中一个有趣的例子，就是"鸵鸟"。

鸵鸟，是西域国家多次向唐朝进贡的动物。中国人把这种双足像骆驼的鸟命名为"鸵鸟"。随着岁月流逝，这种鸟的真实样貌，从民族记忆中逐渐淡去。但就算视觉上的形象消失，"鸵鸟"两个字仍旧不会消失。当完全不知其样貌的中国人要将"鸵鸟"化为图像时，画师也只能凭借留存下来的文字讯息来作画。最后，画出了从"鸵鸟"两字的字面意义复原的动物。

请看清代《古今图书集成》的"鸵鸟图"。那对画师来说，根本不是怪物；但对见过真实鸵鸟的我们来说，却是个不折不扣的"怪兽鸵鸟"。画师把"像骆驼"所指涉的范围，画在和命名者不同的地方。也就是说，不只双足，连整个身体都像骆驼。《本草纲目》的画

图四八:《本草纲目》的鸵鸟。差一点
就画成怪兽了。

图四九:"对我这样子有意见吗?"怪兽鸵鸟边跑边叫。
出自《古今图书集成》。

师只把它的双足画成像骆驼一样,这点是正确的。不过,在身体和
翅膀部分,画师依据他眼中最美的鸟——"鹤"的造型来画。

　　美国汉学家劳费尔(Berthold Laufer, 1874—1934)研究中国土偶
的专著《中国土偶考》[5],第一章叫作《犀牛的历史》[6]。武人土偶穿
着铠甲,而这铠甲在古代是用犀牛皮制成,所以书中一开始就先研
究犀牛。此书针对犀牛和独角兽,从观念史和图像史的视角进行犀
利的分析。诙谐风趣的劳费尔先生还拿出《古今图书集成》的"鸵
鸟图",用严肃正经的口吻提醒我们:"不能把鸵鸟当成一种新发现
的物种——鸟形的双足骆驼,而给它取了个'Avi-camelus bipes'的
学名。"

　　名字和图像,未必每次都能顺利"成婚"。当名字脱离了图像,
或图像脱离了名字,或两者各走各路的时候,即名字和图像濒临

"离婚"危机的时候，常常就会生出怪物。这种情形并不特殊罕见。我们现已画不出正确的大象图来了。生出怪物的，并不是不合理或不理性的观念；扑灭怪物的，也不是科学。只要名字和图像各走各的路，象征"越界"的怪物，就会出现在我们眼前。

怪物和分界线

阿根廷作家博尔赫斯（Jorge Luis Borges, 1899—1986）的散文集《探讨别集》（*Otras Inquisiciones*）中收有《约翰·威尔金斯的分析语言》（El Idioma Analítico de John Wilkins）。在这篇文章里，波赫士举"某一部中国的百科全书"，来和十七世纪英国学者约翰·威尔金斯（John Wilkins, 1614—1672）所设计的人造语言体系的模糊性作比较。波赫士借弗朗兹·库恩（Franz Kuhn, 1884—1961）博士之口，称这部百科全书为《天朝仁学广览》（*Emporio Celestial de Conocimientos Benévolos*）。该书将动物分成以下类别：

（a）皇帝所有的。

（b）有芬芳香味的。

（c）驯养的。

（d）乳猪。

（e）半人半鱼的。

（f）传说中的。

（g）迷途离群的狗。

（h）包括在目前分类中的。

（i）发疯般烦躁不安的。

（j）数不清的。

（k）用极细的骆驼毛笔画出来的。

（l）其他。

（m）刚打破水瓶的。

（n）远看像苍蝇的。

波赫士说，出现这种超出我们理解范围的分类，是因为人类无法测知创造宇宙的神的计划。然而，不仅神的计划无法测知，就连从容自若地作出不合常理分类的中国人，在时间和空间上的设计图，对现在已和他们极为亲近的我们来说，也还是得不到手。

我见闻不广，不知有库恩博士所说的百科全书《天朝仁学广览》存在，也不清楚中国曾有他所介绍的那种奇妙分类法。但总之，不能说"怪物"是从分类界线上生出来的。在物质界已界定的分界线上，发现有某"物"横跨两个区域时，它便成了很难照现今世界观来作解释的"麻烦之物"，也就是"怪物"了。例如"鸭嘴兽"，有鸟那样尖长的喙，还会产卵，照理说是鸟类；可是它会哺乳，所以也可算是哺乳类。这个介于哺乳类和鸟类之间的生物，在被分到合适的生物类别之前，一直会是"怪物"。

又如"斯基泰羔羊"（Scythian Lamb）[7]。它是十四世纪到东方旅行的鄂图瑞克（Odorico da Pordenone, 1286—1331）和约翰·曼德维尔（John Mandeville，约为十四世纪之人）所报告的"植物羊"怪物。曾到过北京的方济会士鄂图瑞克口述的《东游录》[8]提到，东方有结着巨大瓜果的植物，其果实中可见到像小羊的动物。九世纪以降的中国文献亦有类似记载，说这怪物产自大秦国，中国人称它为"地生羊"。它是从大地生出的羊，在脐带和地面相连的情况下逐渐长大，如果强行割断脐带，它就会死。但是，如果全身武装骑马击鼓去吓它，它一受到惊吓，脐带便自行脱落，这时是不会死的。

这种奇怪传说的流传过程姑且不提，"斯基泰羔羊"正是一屁股坐在动物和植物分界线上的"怪物"。的确，跨界行为就是怪物现象的元凶。

亚里士多德（Aristotle, 384—322BC）的时代对于自然界的态度，至少比我们这个时代来得真诚吧！也是伟大生物学家的亚里士多德，在《动物志》（*Historia Animalium*）里留下"自然界由无生物进展到动物，是一个渐进的过程，由于其连续性，我们难以察觉这两者间的界线"、"从植物变为动物的过程是连续的"等名言。总之，对不划清界限就无法安眠的人类来说，出现跨界生物就等于出现怪物，给人带来困扰。

司马迁在《史记》里说："《山海经》所有怪物，余不敢言之也。"晋代郭璞（276—324）为《山海经》作序时，引用完司马迁这句话后，叹说："不亦悲乎！"郭璞是这么主张的：

> 世之所谓异，未知其所以异；世之所谓不异，未知其所以不异。何者？物不自异，待我而后异，异果在我，非物异也。

图五十：（左）克劳德·杜瑞（Claude Duret, 1570—1611）《自然界令人惊奇之植物的博物志》（*Histoire Admirable des Plantes et Herbes Esmerveillables et Miraculeuses en Nature*, 1605）中的植物羊。（右）约翰·曼德维尔《曼德维尔游记》（1371）中的植物羊。

　　人类想把正常和异常区别开来，也想按照自己的意思，来厘清两者的界线。世界原本没有异常、正常的价值观，但在习惯划分界线的人类看来，分界线另一边的，就叫作"异"，也就是所谓怪物现象。中国人对怪物的态度，有像司马迁那种的，也有像郭璞那种的。郭璞的时代，"志怪小说"的地位已经确立，以何种态度看待怪物当然会受时代风尚影响，但也未必尽然。司马迁的时代，也是怪物猖獗横行的时代。然而两人的共通处在于，不会轻易放过怪异现象而不深究。即便是推崇怪物志《山海经》的郭璞，也没有把书中的怪物当成鬼怪故事就不管了。他不就是为了查明怪异之事的起因，才建立起怪物的理论吗？

　　近代中国人在报刊上记述怪物现象时，常会附上"少见多怪"的评语。此语出自俗谚，原意为"见识少的人不免多所惊怪，看到骆驼的驼峰还以为是肿起的马背"，后用来讥讽人识见不广，遇事多以为可怪。对了，郭璞在刚刚的引文后作了此说明：

　　　故胡人见布而疑黂，越人见罽而骇毳。夫玩所习见而奇所希闻，此人情之常蔽也。

　　郭璞在此提到知识的分界线。"知"和"不知"之间画有分界线。当对面世界的事物进入眼帘，即"越界"过来时，它看起来就是一副怪物的模样。

　　每当有怪物现象出现时，中国人便会留下"妖由人兴"的评语。此语出自《左传·庄公十四年》"人之所忌，其气焰以取之，妖由人兴也"一句。意即，妖异不会自己生出，而是由于人的行为违背常道而产生。近代中国的报刊报导，有用此语来表示"魔由心生"或"自作自受"之意。

　　总而言之，古代的中国人，为怪物现象准备了数种理论、道理。也就是说，中国人极为灵巧地操控着怪物。日本人把中国人编造的故事当作"怪谈"输入，并塑造成超级恐怖的故事，这样的我们，是否试图去理解其中的理论、道理呢？　如果我们加以理解，那么所谓"恐怖故事"也就难以成立了吧！如此一来，甚至连"中国真有所谓'恐怖故事'吗？"的疑问，都会浮上心头了。中国文学家之中，有意识地创作恐怖故事的，应是写出小说《药》和《阿Q正传》的鲁迅。但即使像鲁迅那样的作品，仍被配置于"国家"所划出的应有分界线内。在掌控着牢固分界线的"国家"不时编写出的庞大作品群面前，鲁迅的"恐怖小说"，在质量上自然显得大为逊色了。

三、骷髅的幻戏 [9]

中国的怪谈

　　"怪谈"，英文作"Ghost Story"。小泉八云（Lafcadio Hearn，1850—1904）收集日本的幽灵故事，将之编著成书，书名正是叫《怪谈》（*Kwaidan*）。此外，他还著有《中国怪谈集》（*Some Chinese Ghosts*）。

　　在日本，类似《怪谈》之名的书籍出了很多，但所收类别却是大同小异，即收录有志怪小说、唐代传奇，以及不可欠缺的清代《聊斋志异》。如果现在到街上书店看看，名为《中国的怪谈》或《中国恐怖小说集》的书，光是袖珍版本的就能找到好几册了。这些怪谈集，总是不厌其烦地将前面提过的那几类作品收录其中。就算作品内容都相同，只要用上新的或有趣的编辑手法，还说得过去。可是什么改变都没有，纯粹只是拿过去的怪谈集来收录，叫人看不出下过工夫的痕迹。或许在大多数日本人的印象中，所谓"中国的怪谈",就是指刚才提过的那几类作品吧!

然而,原本号称"这故事很恐怖"的书籍,即名为"中国怪谈集"的书籍,不就是硬要人认为它的故事很恐怖吗? 对胆小的读者来说,不觉得它恐怖的话,就会被贴上"你不配称为人!"、"你的感受能力有问题!"的标签。而对胆小的编者来说,一旦有直率的读者抱怨自己特意选出的故事根本不吓人,他们也只好引咎上吊,化成真正的幽灵了。到现在居然出了那么多打着"怪谈"、"恐怖"名号的书籍,这点我是挺佩服的。总归一句,《中国怪谈集》的企划,实在是不输于《中国笑话集》(这也是很可怕的企划!)且不知会给谁带来不幸、受到诅咒的企划。

读小泉八云编选的《中国怪谈集》,可能会注意到,此书和日本的怪谈集在选文标准上有些出入。这里无法作详细说明,但为求保险起见,还请各位读者自行确认一下。

《聊斋志异》为什么恐怖?

怪谈集中不可欠缺的《聊斋志异》,是清代蒲松龄(1640—1715)所著的短篇小说集。蒲松龄字留仙,号柳泉。"聊斋"是他的书房名。"在聊斋记述怪诞奇异之事",此即《聊斋志异》一名之由来。《聊斋志异》收录近五百篇怪异故事,这些故事并非全是蒲松龄自己的创作,而是他把听来的奇闻异事,经加工润色后记录下来,集结成书。蒲松龄一生屡试不第,仅靠教书为生。他从年轻时开始写《聊斋志异》,由于所写内容多是鬼狐仙怪之事,甚至还留下了烦人鬼怪出现在考场上阻扰他作答的传说。说实在,这种情形有可能发生。因为异界的实际状况,一般不太会直接写出来。《聊斋志异》中,蒲松龄习惯在故事的尾端加上"异史氏曰"(虽然不是每篇故事皆如此),作为作者自身对事物的褒贬批判。

　　台湾的漫画家蔡志忠（1948—），不仅在中国大陆拥有许多读者，在日本也有多部作品翻译出版，其中一部就是《聊斋志异》的漫画[10]。蔡志忠的作品，呈现出的不是那种提到中国鬼故事便常联想到的剧画[11]风格，而是轻松诙谐的风格。蔡氏的漫画，会在最后一格附上如异史氏那样的评论文字。

　　中国的怪谈，在传到日本之后，或许是民情不同的关系，总觉得被当成令人落泪的日式怪谈来读了。这似乎不是因为改编成日式风格或是经过改写才如此，而是只要被译成日文，就会变成这个样子。这种情形不只出现在怪谈上，例如大家所熟悉的《三国演义》，传到日本被译成日文后，就成了催人热泪感人至深的故事。以上所说只是我的印象罢了。不过，就算不特意改动，只要经过"翻译"的语言转换，作为故事舞台的空间也会变形走样。关于这点，不知各位读者看法为何？大家所熟悉的《三国演义》，必须读了中文原文，才更痛快过瘾。怪谈也是如此。话说回来，蔡志忠的漫画，倒是借由图画之力，把因翻译成日文而被抹去的中国氛围给保留了下来。

　　中国是多神信仰的国家。孔庙、佛寺或道观，皆同时祭祀儒释道三教诸神，以及不知属于哪一教派的神明。寺庙内贩卖或是赠送下地狱后会遭受何种苦难、天国是个多么美好的所在之类的宣传小册子。住在台北的朋友，觉得我应该会喜欢这种小册子，便把《地狱游记》、《天国游记》之类的小册子给寄过来。有趣的是，里面的内容，从古至今一直没有什么改变。例如近代中国的作家鲁迅，在其散文集《朝花夕拾》中，介绍了距今一百年前的地狱图说《玉历钞传》，主要内容和现在流传的版本完全相同。《聊斋志异》一书出现许许多多像那样一同被祭祀的民间神祇，以及拥有超自然力量的鬼怪。书中既有神通广大的神明，也有修炼法术的仙人和拥有奇特能力的动物。

《聊斋志异》的故事，大体是以不经意误入现实世界的另一边世界的人为主角。不过，与其说另一个世界在现实世界的对面，不如说这两个世界彼此重叠才比较妥当。通往另一个世界的门扉，无意间不知被什么东西给打开，自己也就不知不觉闯进里面的人，开始和超自然的事物有所接触。在剧情结束之后，主角还不知已经结束，就这样回到了现实世界。等到回过神来，发觉自己正站在原本现实世界的人群之中。此时人物的惊讶之情，作者不是以恐怖扭曲的表情，而是以"咦？　怎么……"的表情来呈现。"我到底做了什么？现在不是在做梦吧？"感到疑惑的主角，随即四下环顾，只见隐约呈淡黄色的空间，伴随那刚刚还置身其中、令人眷恋的异界逐渐远去。主角不禁目瞪口呆，茫然伫立于透出微弱亮光的环境中。换言之，他正是伫立于另一个世界之阴暗和现实世界之光亮交会的阴阳魔界。

到了结尾，还会有作者的分身"异史氏"，出来说一段看似无趣的训诫。这种训诫，现代的我们听来，或许觉得有些烦人。但是，它不就像能把和主角一同误入另一个世界的读者，叫回现实世界来的魔法或咒语吗？　至少我是这么认为的。电视上那些三流的恐怖剧集，也常常会在尾端附上一段训诫的旁白。

刚开始阅读《聊斋志异》时，会觉得这种说教很无聊、没必要。但其实不是这样的。如果放任不管，读者不但永远回不来，连"离开更美好的另一个世界，回到原本生活的世界去吧！"的意志也会完全丧失。在中国的故事世界当中，现实世界和另一个世界之间并没有明确的分界线。不熟悉宇宙构造的我们，可能就这样没有察觉到而误闯进去。《聊斋志异》里出没的妖怪，正如蔡志忠漫画所画的那样，不但没有那么恐怖，还很可爱讨喜。如果这些故事还算恐怖，那么恐怖的不是妖怪本身，而是和鬼怪世界相连的空间构造，即阴阳魔界的构造。或许在我们的世界，也常有这种和另一个世界意想不到的往来。

静止时间的束缚

南宋画家李嵩（1166—1243）有一幅名为"骷髅幻戏图"的画作。在我看来，这幅画最称得上是"中国的怪谈"。因为画中所描绘的空间，正是把两个世界给划分开来的阴阳魔界。

我初次见到这幅画作，是学生时代在浙江绍兴旅游的时候。和能改变自己的事物相遇，是很奇特的经验。那时，我在街上纪念品店见到这幅画的粗劣复制品，当下心跳加快，冒出"这玩意可能会陪我很久……"的预感。后来还真是如此。它看上去像个便宜货，实际上价钱也很便宜，所以我买了好几幅分送朋友——其实是因为大家见到它都不会害怕。总之，它是我喜欢的画作之一。若问我为什么喜欢，我还真答不上来。每次见到它，它总抛出一堆谜团给我。那些谜至今未能解开，实在有趣。后来，我还得知这幅画的真品收藏于北京的故宫博物院。

即使找出提到这幅画的古今文献，谜团仍旧解不开。到目前为止，还没有人能提出让我信服的说明。一般都说，这幅画隐含佛教思想或老庄思想的寓意。例如郑振铎（1898—1958）在所编的《宋人画册》中指出："此图生与死是那样强烈地对照着，我们的画家的寓意是十分深刻的。"

画面左方，在五里墩前坐着的两人，看样子是一对夫妻档的街头艺人。妻子正抱着婴儿喂乳，而旁边的丈夫——那戴着头巾的骷髅，用悬丝操纵小骷髅木偶。右方是被这表演吸引而向骷髅爬去的孩童。身后还有一名少女，伸出双手欲阻止孩童向前爬。

图五一：李嵩"骷髅幻戏图"。

骷髅木偶是当时木偶戏的表演道具。描写北宋首都汴京（今河南开封）之风俗的《东京梦华录》，介绍这种木偶戏叫作"悬丝傀儡"，又说皇帝清明节驾登宝津楼时，诸军呈百戏于楼下，其中就有真人"以粉涂身，金睛白面"，化装成骷髅，表演"哑杂剧"的场面。李嵩的骷髅，系根据解剖学画成，因此格外正确。在中国，想画人物画的画家，是先从头盖骨的素描开始训练起的。

一提到骷髅和女人，立刻让人想起以"勿忘死！"（Memento mori）[12] 的警语为题材的绘画作品。如老布勒哲尔（Pieter Bruegel the Elder, 1525—1569）的画作"死亡的胜利"（The Triumph of Death）所见，象征"生"而拥有丰满肉体的年轻女子背后，象征"死"的骷髅正悄悄靠近。

"来世"观完全不同的欧洲和中国，具有相同性质的骷髅观。此说法若作为结论，并不够完善。对于这种有趣的主题，还是不要急着下结论才好。

我唯一能说的是，这幅画中的静谧空间，正是连接《聊斋志异》里的世界的空间，也是飘移在现实世界和另一世界之间的阴阳魔界。画中空间所描绘的人物，全都见不到恐怖可怕的表情。就连里面的骷髅男，看起来也很自然。在绘画的世界里，中国人几乎不画恐怖的表情。在并非不合常理的阴阳魔界，由笑嘻嘻的孩童和少女所构成的静止时间，对我来说是非常恐怖的。他们四位之后会到哪儿去呢？如果回到现实世界里来，那么，不属于现实世界的骷髅男会变成什么样子呢？反过来想，如果进入另一个世界，那么，不属于另一个世界的爬地孩童会变成什么样子呢？

在幽明处蠢动的文明

误入《聊斋志异》世界的读者，借由阐述阳世人间宝贵道理的

"异史氏"的训诫，得以解开阴阳魔界的束缚，回到现实世界来。但是这幅画可没有这样的安全装置，因为它是不见过去亦不见未来的静止时间。为了解开这束缚，人人都变身为异史氏，对这幅画作出具有训诫或隐喻意涵的解释，也是理所当然的了。始终无法接受这类解释的我，自从见到这静止骷髅的表演以后，就像被蛇盯上的青蛙一样，浑身僵住，无法动弹。

如果能进入另一个世界里，事情就容易解决了。我觉得恐怖，也许正因为这幅画里的空间，画出了现实世界和另一个世界的疆界。不过，若要如此下结论，事实上中国的绘画几乎都画有这种疆界。不只山水画，凡是中国的世界，处处皆由此种"模糊的分界线"区隔开来。或许，中国人所创造的种种文学和艺术，乃至中国的文化、文明本身，都成了这样的构造。《三国演义》、《西游记》等近世的通俗小说，标榜写实风格的现代小说，自毛泽东（1893—1976）"文艺讲话"以降的□□"人民文学"，经历过文化大革命的当今"新时期文学"，近来颇受欢迎的中国电影等等，如果都具有此种构造。今后编辑《中国怪谈集》的工作将十分轻松愉快，而且所有的中国文学选集也将是中国怪谈集了。

《中国怪谈集》里或许根本不会出现恐怖的鬼怪。只是，那里面应该有来自各个时空的"幻影"在舞动着。来世和今世交界的幽明处，是那些怪谈集的舞台，生存于幽明处这一侧世界的我们人类，受到另一侧世界之光照射时，映在白墙上的"幻影"、"重影"、"假像"，就化成词汇，成为那些怪谈集的内容了。在两个世界之间模糊的分界线下，实际上经常发生另一侧世界的"幻影"闯入到我们的世界，而我们也在无意间误入另一侧世界，然后不知不觉回到原本的世界，或是根本回不来的事情。各位，您说是吧？

当我感到有些疲累的时候，就会拿起这幅"骷髅幻戏图"端详。

不知为何，脑中便立即浮现灵感。说起来，还得好好感谢这幅画才行。或许我是用自己的灵魂，和绍兴那间纪念品店的老板换来了这幅画也说不定。

四、八戒的漂白之旅
—— 动物图像在中国通俗读物中的命运

去势的珍兽

阿尔布雷希特·杜勒（Albrecht Dürer, 1471—1528）在 1515 年创作的犀牛木版画非常有名，日后对博物画造成极大影响。赫伯特·温德（Herbert Wendt, 1914—1979）的《世界动物发现史》[13] 指出，杜勒画中的犀牛是 1513 年葡萄牙人从印度用船运回里斯本，献给国王曼努埃尔一世[14] 的礼物。这头犀牛由于长期关在船舱，患了皮肤病，身上长满大大小小的肿包。里斯本的画师看到这头奇兽，十分激动，误以为犀牛原本就是皮肤长满肿包的模样，而将之素描下来。杜勒本人没机会见到犀牛，他是以葡萄牙画师的犀牛素描画作为创作的蓝本。之后到十八世纪为止，在这两个半世纪内，许多博物图谱和以犀牛为主题的装饰，都是仿照杜勒的犀牛画像来绘制[15]。

杜勒的犀牛画像还有一项特征，即肩上突起的"螺纹角"。犀牛有独角的爪哇犀牛和印度犀牛，也有双角的苏门答腊犀牛和非洲白犀牛、黑犀牛。不论哪种犀牛，它们的角都长在鼻端或额顶上。杜勒笔下的犀牛属于印度犀牛，但它的螺纹角现实上是不存在的。为什么会生出这样的角呢？针对此问题，涩泽龙彦的《犀牛图》（收入涩泽龙彦所著《幻想博物志》，东京：河出书房新社，1983）提出一种假说，有兴趣的读者不妨参考。

杜勒的犀牛画像千里迢迢传到了东方。在日本，江户后期画

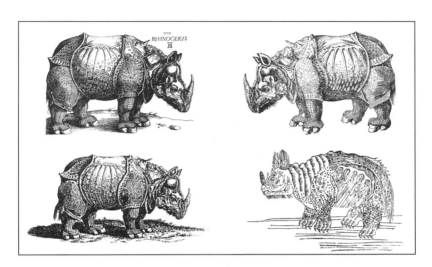

图五二：左上为杜勒的犀牛图（1515）。模仿此图画成的图，依序出自康拉德·格斯纳《动物志》（1551 至 1558、1587）（右上）、约翰·强斯顿《动物图说》（1660）（左下）、《坤舆图说》（1672）（右下）。

家谷文晁（1763—1841）的画作"犀"，据约翰·强斯顿（John Jonston, 1603—1675）《动物图说》（*Beschryving van de Natuur der Viervoetige Dieren*, 1660）中的杜勒犀牛图摹绘而成。中国方面，最早摹绘的杜勒犀牛图，为清朝初期在北京刊行的世界地理书《坤舆图说》（1672）所载的犀牛（鼻角兽）插图。《坤舆图说》是比利时籍耶稣会士南怀仁（Ferdinand Verbiest, 1623—1688）在中国人协助下完成的著作。

《坤舆图说》由开头所附的世界地图、世界各国的地理概况、世界珍奇动物之图说"异物图"、世界七大奇景之图说"七奇图"等四部分构成。杜勒的犀牛正是"异物图"里的二十八种动物之一。

十八世纪编成的《古今图书集成》也收入一幅犀牛图。此图以《坤舆图说》的犀牛图为底本，再加画背景而成。将这两幅图和欧洲的犀牛图作比较，会发现即使都出自杜勒犀牛图，仍有许多相异点。

图五三:《古今图书集成》的"鼻角兽"。

例如《坤舆图说》的犀牛图,可能是画法不同,已不见杜勒犀牛画像原本所具的重量感,犀牛的蹄还被画成像猫爪一样锐利。到了《古今图书集成》的犀牛图,犀牛的爪子明显消失了。不过,最大的不同处,应该是犀牛肩上的角不见了。杜勒的犀牛图被不同时代的欧洲人描摹过,这里只举康拉德·格斯纳(Conrad Gessner, 1516—1565)的《动物志》[16] 和约翰·强斯顿的《动物图说》里面的插图。从这两幅插图,可以发现杜勒犀牛画像的特征之一,即肩上突起的角,在欧洲随着时间逐渐成长。但是在中国的插图里,这特征却无声无息地消失了。犀牛肩上的角到底去哪儿了呢?

再介绍一个相似的例子。《坤舆图说》有长颈鹿图,此图系以爱德华·托普塞(Edward Topsell, 1572—1625)的《四足兽的历史》(*The History of Four-footed Beasts*, 1607)中的图为蓝本。《古今图书集成》也收入一幅和犀牛图一样加画背景、同系统的长颈鹿图。这些图有个有趣的地方,就是长颈鹿身旁驯兽师的模样变化。

托普塞书中的长颈鹿既然画成阿拉伯式风格,一旁的驯兽师自然也画成像阿拉伯人的模样。仿照此图画成的《坤舆图说》长颈鹿图，里面的驯兽师摇身一变，成为显得有些稚拙且像小丑一般的可爱大叔。原图中作为阴影而画上的无数线条，被不知此画法的中国画师当成了衣服的横纹；不仅如此，帽子上的羽饰品还被画成两根。到了《古今图书集成》，这"横纹"被画师画成实物，成为脚上的绑腿和身上的铠甲战服。而帽子上的两根羽毛，也成了用雉鸡尾羽做成的饰品"翎子"。对清代的中国人而言，"翎子"是番邦的象征，因为戏曲中登场的番邦武将通常都会戴翎子。

　　借由此种在图中添加中国文物的绘制法，动物图鉴里的外国珍兽长颈鹿，得以在中国人的世界观中树立起真实性和存在感。然而，中西方长颈鹿图最大的差异点，在于中国画师将长颈鹿后腿间翘起的"长物"一刀给喀嚓掉。不管是犀牛还是长颈鹿，它们身上屹立的性征，不知为何都被删去了。

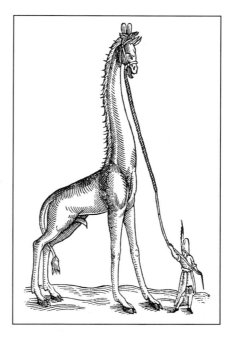

图五四：（上）托普塞《四足兽的历史》（1607）的长颈鹿。
（左下）《坤舆图说》的长颈鹿。
（右下）《古今图书集成》的长颈鹿。

外国奇兽好端端地遭到去势。

犀牛和长颈鹿的突起物在中国被人删掉的这件事，让我很感兴趣，却无法找到明确的答案。南怀仁用平射投影法（stereographic projection）绘制的世界地图《坤舆全图》（1674），也画了同样的动物。《坤舆全图》的插图较接近欧洲的原图，画出犀牛的第二只角。十八世纪编成的四库全书本《坤舆图说》，里头所画的犀牛，肩上也有角。事实上，图像从西方传到东方时，经某种"审查"后，不得不视情况产生一些变化。奇兽的图像远渡重洋来到东方的帝国，最后竟成为宦官，留在中华皇帝身旁服侍。有同情心的人，只要听到它们这种坎坷的命运，应该都会流下跨越时空的泪水吧！

现在我想探讨的是某种动物图像在中国通俗读物中的命运。"通俗读物"一词，在定义上显得不够明确，在此笼统来说，是指小说插图和漫画。至于主人公，就是那叫作"猪八戒"的猪怪。

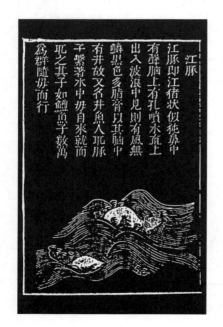

图五五：出没于长江之"豚"。出自《三才图会》。

江豚之谜

清末拥有众多读者的石印画报《点石斋画报》，创刊于1884年，至1896年停刊。我曾写过介绍这画报的书[17]，当时发现很多有趣的事情，也碰上不少难解的问题。我查看《点石斋画报》四千多幅插图的时候，找到两则跟"江豚"有关的报导图文。这里的"江"，指的是长江，也就

图五六：以大锅熬煮"江豚"以取其油。出自《点石斋画报》。

是扬子江。这两则报导，一则讲暴风雨中出现的"江豚"弄翻船只之事，插图画的是极像猪的生物，在汹涌江水中忽隐忽现的场面；另一则讲当地渔夫熬煮"江豚"以取其油之事，插图画的是渔夫扛着耳上生有鳞片、且外形似猪或牛的生物，欲扔进大锅的场面。游弋于长江的猪，究竟是指何种动物呢？

"江豚"和有名的"白鱀豚"同为栖息于长江的淡水豚。晋代郭璞收录于《文选》的作品《江赋》，亦可见"江豚"之名。据其记载，长江中有像猪的海兽，叫作"江豚"或"海狶"。总之，当地的中国人应该从很早以前就和这种动物共处。江豚外观上很像海豚。不过，江豚是一种在混浊江水中忽隐忽现的动物，所以对画师来说，很难好好观察它们。尽管曾有人捕获江豚，但它的正确形貌始终未为十九世纪末的画师知晓，这现象也算有点有趣了。元代的浮雕，以及明清两代的百科全书，如《三才图会》、《本草纲目》和《古今图书集成》，都可见到江豚画像。大致说来，这些绘制者都把江豚画成了"被丢入水中的猪"。或许是受到"江豚"这两个汉字的魔力和"外形似猪"的文字描述所影响，"畅游于长江的猪"的图像于焉成形。就算在《点石斋画报》刊行的清末时期，这个确立的视觉形象，依旧屹立不摇。

然而，却也有一种猪，承受的不是长江的波浪，而是人类各种情感的浪涛，因而形貌上不得不发生变化。这是陆上的猪，叫作"猪八戒"。

猪八戒曾是黑猪

《西游记》第十八回，唐僧和孙悟空途经高老庄，得知庄主高太公的女儿三年前被一只猪妖霸占。高太公请师徒俩帮忙赶走妖怪，于是悟空变成高太公的女儿，独自坐在房里等那妖怪……

> 那阵狂风过处，只见半空里来了一个妖精，果然生得丑陋，黑脸短毛，长喙大耳，穿一领青不青、蓝不蓝的梭布直裰，系一条花布手巾。

这妖怪，就是之后被悟空降服而拜唐僧为师、同赴西天取经的猪八戒。如前段原文所述，猪八戒外形在"过去"是黑色的。八戒是一只嘴长、耳大、体胖的黑猪，即原文所说的"黑脸短毛，长喙大耳"。《西游记》曾作过这样的描写：当八戒想要看清远方过来的妖怪时，便掀起他那挡住视线、如蒲扇般的大耳。威廉·瓦格勒（Wilhelm Wagner, 1886—?）的《中国农书》[18]说华北多垂耳猪，"这种猪的耳朵通常很长，耳尖达到鼻子的前部，完全遮住了眼睛"。《西游记》中八戒有掀耳朵的动作，让人一点也不意外。民众对于猪这种家畜所发挥的敏锐观察力，在《西游记》里随处可见。

这样的描写，各位觉得如何？当八戒不想被人看出他那像猪的相貌时，就会把长嘴藏进怀中，可能是因为他的长嘴实在太醒目了。八戒另一个特征，为头部后面长出的坚硬鬃毛。这鬃毛叫作"刚鬣"。自古以来，"刚鬣"一词一直是猪的别称。八戒这个名字是唐僧所取的法名，他的本名其实叫"刚鬣"。看过这些文字描写，想必也能充分了解，八戒并不是如日本人常画的，那副直耳圆脸的白猪模样吧！

本文欲探讨八戒"黑色"的外形特征。为什么说八戒"过去"曾是黑猪呢？可能各位也注意到了，近来插画、绘本和动画里的八戒大多不黑。现代的八戒图像，多半是粉红色或白色的。这种现象不只出现在日本。中国当地出版的绘本，情况也是大同小异。不过，中国的八戒玩偶不是涂成全黑的，也有上灰色或棕色的。如果对日本学生作问卷调查，会发现几乎所有人都深信八戒是白猪或粉红猪。

原本中国人实际见到的猪，大致是黑猪。现代中国所用的畜牧教科书《养猪学》[19]，讲到中国本土猪种的特征时，也以"毛色为黑"的说法居多。实际到中国走一走的话，不管在农村或都市，或许有过遇见黑猪的经验。农山渔村文化协会编著的《猪——基础生理、品种系统、基本技术与实际的饲养技术》[20]也说："在佛教盛行的地方，因白猪的屠体皮肤为白色，易让人联想起白色丧服，故一般人厌恶白猪，爱好黑猪。"猪八戒原本属于什么品种的猪？关于这问题，到现在我还是没办法提出明确有力的回答。不过，如果在同类书中查一下

"东北民猪"、"八眉猪"等华北型猪种的特征，会找到"毛黑脸长、耳大而垂"的描述，而这外形特征，足以让人想起猪八戒。

八戒的漂白之旅

到底是哪个家伙在什么时候把黑猪误认成白猪？为此我查了文献，发现八戒现在的形象是在明代形成。明代刊行的《西游记》，其刊本插图多已把八戒画成白猪。接着来看明代的八戒画像。

现存最早的《西游记》刊本，为明万历二十年（1592）刊行的世德堂本。此刊本的插图，竟有三种八戒画像。一种是只画轮廓线的"不黑"八戒，另一种是脸部涂成黑色而眼鼻部分留白的"黑"八戒，还有一种是"只有耳朵是黑色"的八戒。

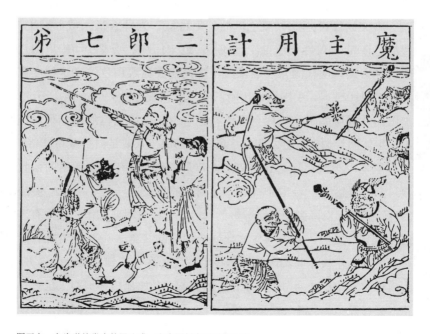

图五七：左为世德堂本的黑八戒。右为同版本不黑的八戒。

明万历三十一年（1603）刊行
的杨闽斋本《西游记》，其版面分
成两部分，插图摆在页面最上端，
约占当页五分之一的空间，图下则
为文字。杨本插图中的八戒，脸是
漆黑色的，虽然眼鼻部分留白，但
看起来像是一个煤球穿着衣服走来
走去。版面类似杨本的刊本，为朱
鼎臣本。这个版本的形成过程，目
前还没有完全厘清，是《西游记》
版本学上的谜团之一。检讨《西游
记》的插图，研究其版本成立，或
能提供一些线索。不过，在此只
想谈一件事，就是朱本可以见到
黑色和白色两种八戒画像。万历

图五八：上为杨闽斋本《西游记》的插
图。中、下为朱鼎臣本的插图。

三十六年（1608）重刊本《临凡宝卷》里的八戒，以及万历四十二年
（1614）刊《西游记杂剧》里的八戒，都不是黑色的[21]。

到了清代，《西游记》主要刊本的插图里，八戒脸部大多不是涂
成黑色的。可是《西游记》的原文已写明是"黑猪"了，为什么画
师绘制插图时不照原文描述的形象来画呢？

其中一个理由为木版画的技术问题。像通俗小说插图这类制作
粗劣的木版画，上色时因木版纹路起伏不平，无法把黑底色涂得均
匀完整。中国的木版画，原本就不太用黑色作底色，也没有像西方
版画用无数细线来表现阴影的习惯。画面大致只用线条画出个轮廓，
然后在各处，如衣服的一部分、帽子、头发、桌子、石头等处，涂
上小范围的黑色，加以强调。如果只是小范围的话，还能均匀涂好，

但大范围上色时，因木纹不平整，黑色部分就变得模糊不清。假如现在照原文描述，把八戒脸部给涂黑，他的五官会如明代画师所尝试过的，以黑底留白的方式来呈现。如此一来，眼鼻的线条就显得有些杂乱，让人看不懂在画什么了。话说回来，当时画师心中是怎么想的呢？

深知八戒特性及其在故事中扮演之角色的画师，应该不忍心把八戒的脸给画成煤球般模糊难辨的模样吧？对于这位表情理应丰富多变的角色，画师认为脸部要避免用黑色才行。那么，到底该照原文"黑猪"的描述来画？或是无视原文而让八戒在插图上自由跃动？明代插图里的白八戒和黑八戒，以及渐渐被赶走的黑八戒，都是被迫作出选择的画师的实验结果吧！于是乎，插图里的八戒，便成了纯以线条勾勒描绘的白描作品，尤其在画八戒的大图时，五官部分也仔细画了上去。如果说"江豚"的图像代表汉字的胜利，那么不黑八戒的图像就是汉字的败北了 [22]。

在完全习惯不黑八戒的读者和后世画师支持下，白脸的八戒逐渐获得了应有的地位。特别是在日本，几乎不存在黑色的八戒。然而，在彩色印刷技术发达的今日，中国所出版的绘本里，

图五九：清代《西游真诠》的插图。

却出现了就算不是全黑，也是灰色或棕色之类暗色系的八戒图像。这大概是自古以来重视文字纪录，以及日常生活中较常见到黑猪的中国人，把祖先遗传下来的"从白到黑"特质，寄托在今日用暗色系也能细腻刻画表情的技术发展上。尽管如此，黑色的八戒，在故事里却被赋予贪婪好色的负面形象；而白色或粉红色的八戒，多半被赋予可爱的形象。八戒在现代绘本中的颜色，可说具有新的标志功能。

反常的日之丸旗

说到"白与黑"的故事，如翻阅《点石斋画报》，某一类图像特别令人在意。下文将对此作介绍，还请读者不吝赐教。

《点石斋画报》刊行时正好遇上中日甲午战争，因而刊登了不少与甲午战争有关的图文报导。日本也有许多描绘这场战争的彩色版画，而中国的画师除了画战争画，还把相关的日本事件、风俗给画进去。光是《点石斋画报》里的插图，就非常多，所以有必要将它们整理起来，用"中国人眼中的甲午战争"作专题介绍。这些图里画有奇妙的日本人。先了解一下日本人在当时邻国人眼中是何种模样，也不算是坏事吧？

由于插图描绘中日两国的战争，因此敌国日本的国旗"日之丸"也就出现在图中了。《点石斋画报》所登的日本国旗图共有三种类型。它们都是单色的版画，所以画面只用白色底图和黑色油墨来呈现。第一种是在白色底图上把红色太阳的部分给涂黑；第二种和第一种完全相反，是在黑色底图上把中间的太阳给留白；第三种则是在白色底图上画个圆形轮廓代表太阳。此外也有同一个画面画着以上三种日本国旗图的情形。现代的日本人，如果用黑、白二色来画日本国旗"日之丸"，会怎么画呢？或许大多数日本人，会把中间的圆形部分给涂黑吧？不过，总觉得这好像是现代人容易陷入的错觉。

现在我们已习惯用黑白画面来观看空间里的事物。利用照片、电影、电视……，现代人拥有过去人类不曾有的"仅以明暗分辨事物的视觉能力"。我们看到"日之丸"的黑白照片，会觉得红色看起来像黑色。但是，至少清末的中国人，不会这样想吧！

例如1876年出版的上海旅游指南《沪游杂记》，为了向读者介绍这座国际色彩浓厚的城市，在卷头刊登了世界各国国旗的木版画。这里面有一幅"大日本国旗"图。如各位所见，中间的太阳并没有涂成黑色。图的下方，附有"白色圆图红色"的说明。如果看书中介绍的其他国旗及其说明，会发现涂黑的只有国旗实际的"黑色"

图六十："黑底留白"的日之丸旗和"白底涂黑"的日之丸旗共存于同一画面之中。出自《点石斋画报》。

部分，至于红色、蓝色和绿色部分，皆用留白的方式呈现。绘制国旗图的画师，不曾有透过黑白照片观察事物的经验，因此不见得会把红色当成黑色来看。

在绘制《点石斋画报》插图的大清帝国画师眼中，红色在黑白画面里不一定能变成黑色。邻国日本高度重视日之丸旗的"白底红日"配色问题，在他们眼中也许只是件无关紧要的小事。

如此说来，经历过黑白电视到彩色电视的世代（像我就属于这个世代），都会有一种幻觉。那就是看到的明明是黑白电视上的节目，却觉得像是在彩色电视上见到的那样。举个例子来说，黑白卡通里主角衣服的颜色，在人记忆中经常是红、蓝之类的彩色。幻觉似乎在黑白和彩色之间，进行各种讯息的交流。"企鹅带给我们相对主义的概念。因为对企鹅来说，一切既是黑色的，亦是白色的。"（Penguins gave us the notion of relativism. For penguins everything has always been both black and white.）这是丹尼斯·特劳特（Dennis Traut）和汤姆·卡伦贝格（Tom Calenberg）共同创作的杰出绘本《企鹅先生》[23] 里的经典名句。近代中国人在"日之丸"图像中所引发的黑白混乱现象，根本就是一场与感性之相对性有关的黑白棋游戏。

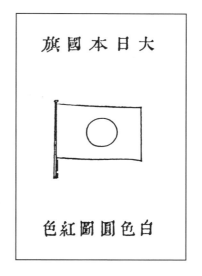

图六一：《沪游杂记》的"大日本国旗"图说。

永远的玩具猪八戒

本文既从犀牛谈起，也当以犀牛收尾。关于杜勒画中犀牛的来历，最近出现一种引人注目的说法。根据《默默》（*Momo*）和《说不完的故事》（*Die Unendliche Geschichte*）的作者米歇尔·恩德（Michael Ende, 1929—1995）所说，肩上长角的犀牛应是那有名的凶暴犀牛"诺贝特"，它肩上的角为的是防备突发状况。诺贝特住在非洲大草原的沼泽地旁，而杜勒绘制的犀牛属于亚洲的印度犀牛，因此若将诺贝特认定成杜勒的犀牛，的确不太适当。再说，它的角也不是螺纹式的。总之，杜勒画中非真实的犀牛，到现代仍被人当作玩具来把玩。这现象正反映出文化的丰富多样。有关诺贝特的故事，详情请参见米歇尔·恩德著、曼弗雷德·施吕特（Manfred Schlüter）插画的《粗脖子诺贝特》[24]。

犀牛、企鹅、猪，这些由人类画出其形貌的动物，足以构成一座"不合常理的动物园"。我们的猪八戒经历一段从黑猪变为白猪的过程，也就是所谓的"漂白之旅"。绘制插图的画师注意到文献上"黑猪"的文字描述，然后根据自身合理的判断，认定："黑色的脸太丑啦！八戒真可怜呢！"由于木版画无法完全将脸部涂黑的技术问题，以及画师想将表情变化给画出来的"爱"——即"对于猪毫不吝惜的爱"，于是，长得像煤球的黑八戒便从世上消失了。通俗读物里不起眼的插图，所流露出民众的真实心声，其实蕴含能将"黑色事物"转变成"白色事物"的力量。

《西游记》故事的最后，讲的是唐僧师徒受封天界职位一事。

唐僧一行人历经重重苦难，最终圆满完成西天取经的任务。如来论功行赏，封三藏为旃檀功德佛，孙悟空为斗战胜佛，又对猪八戒说："因汝挑担有功，加升汝职正果，做净坛使者。"净坛使者为打扫神坛的职位。八戒一听此话，连忙说："他们都成佛，如何把我做个净坛使者？"如来答："因汝口壮身慵，食肠宽大。盖天下四大部洲，瞻仰吾教者甚多，凡诸佛事，教汝净坛，乃是个有受用的品级，如何不好？"接着封沙悟净为金身罗汉，白马为八部天龙。

《西游记》的作者，不仅逗得我们哈哈大笑，还在故事结尾留下出人意表的难题。民众看到这结尾，心中隐然有种预感，觉得八戒遭逢重大挫折的故事已经开始了。当《西游记》落幕的瞬间，为了解决八戒的挫折，必须要有新的故事接续下去才行。仔细想想，好像没有什么虚构人物跟八戒一样，有着许许多多的"外传"吧？翻一翻最近出版的绘本和童话书，会发现有些故事就是从八戒不满净坛使者一职，愤而离开天界的情节开始讲起。

猪八戒的故事，今后仍会继续写下去。猪八戒的漫画和玩偶，也会不断推出新的。拥有像八戒那样，随时都能拿出来玩，又便宜坚固的"玩具"的人，是很幸福的。对只是玩那些电池用光就丢弃、昂贵却空洞肤浅的玩具的某国小朋友，我们有必要把玩具的真正玩法告诉他们[25]。民众有时把这八戒玩具涂成黑色，有时又把它涂成白色，总之就是涂成便于玩赏的颜色。只是，人类玩弄八戒的丑陋、狡猾面，会透过《西游记》之类的文学作品暴露出来。当人读到这部分，或许会开始同情起八戒，并检讨自己的不是。如此一来，八戒也就对玩弄自己的人类达成了复仇。人并非圣人，定会继续拿八戒来玩。这个玩赏过程，也可说是一头沾染人味的猪，不得不向人类进行无穷无尽之复仇的故事。

五、猪仔开动啰！
—— 饱食的堕落天使猪八戒的减肥法

落幕后才开始的故事

前不久，在某社区活动中心担任中文讲师的我，选了一本写给小朋友看的简单读物，当作课堂上使用的教科书。这读物叫作《八戒回乡》[26]，是中国古典名著《西游记》的续作。

话说唐僧一行人历经重重苦难，最终圆满完成西天取经的任务。如来论功行赏，将天界职位分封给师徒四人。三藏被封为旃檀功德佛，孙悟空被封为斗战胜佛，沙悟净则被封为金身罗汉。至于猪八戒，却被封了个不太体面的职位——"净坛使者"。所谓"净坛使者"，简单讲，就是把人烧香拜佛后的供品收拾干净的脚色。

"为什么他们都成佛，我却只做个净坛使者？"八戒的表情有些不满。

如来答说："你呀，嘴巴馋，胃口大。让你做个净坛使者，人间供奉在佛坛上的食物，统统归你清理、享用，难道这还不好吗？"如来修为高深，自不会出口伤人，而且讲起话来也头头是道。八戒无话可说，只好拜受其职。

——以上为《西游记》第一百回的最后一段。各位聪明的读者也许会发现，八戒那些格外有人味的故事，就是由此而来。仔细读小说《西游记》的话，常常能见到里面细微的描写，并体会到我从八戒些微言行中感受过的"文学感动"。不过让我打从心底敬佩的，还是作者在结尾将八戒的挫折给穿插进去的本领。《西游记》的续作有好几种，其中最多的就是跟八戒有关的故事，而这些故事大多从这个人生中最大的挫折经验展开。如果用《西方对于死亡的态度——从中世纪到现代》（*Essais sur l'histoire de la mort en Occident : du Moyen Âge à nos jours*）的作者菲利浦·阿利埃斯（Philippe Ariès, 1914—1984）的说法来说，这就是文艺复兴时期的死亡形象吧！不过，对目前的我来说，那死后的再生，即《西游记》续作中的八戒，正是让我感兴趣的可爱对象。

《八戒回乡》的故事，从八戒不满如来封他做净坛使者，决定离开天界回去故乡高老庄开始讲起。话说分封结束后，八戒越想越不服气，"唉，不如回到以前的高老庄，在那里过着逍遥自在的生活吧！"他拿定主意，就从天界偷偷溜了出来。可是走没多久，却被一阵怪风吹到喜马拉雅山的上空，然后撞上陡壁，落入雪堆里而失去意识。加上当地天气特别寒冷，八戒就像被"急冻"了一样，立刻变成硬邦邦的冰冻猪。

图六二：《八戒回乡》。

　　时光似箭，日月如梭，转眼间已经过了一千三百多年。八戒醒来后，发现自己竟置身在公元 2020 年中华人民共和国一户高姓人家的家中。此处就是一千三百多年前的高老庄，在这里，八戒见识到种种伟大的科技成果……《八戒回乡》讲述八戒回到故乡高老庄的经过和所见所闻，是一部科幻小说。

　　如前所述，这类《西游记》的续作或外传，实不胜枚举。明代有从《西游记》第六十一回《孙行者三调芭蕉扇》续写起的《西游补》。到了清代，则有《续西游记》和《后西游记》。前者描写唐僧一行人取得真经后在归途中发生的故事，后者讲述唐半偈带着孙履真、沙弥以及猪八戒之子猪一戒到西天取经的故事。而成书于清末的《新封神榜》中，或许鉴于当时情势，猪八戒去了日本的法政大学留学，在那里学习新时代的学问。

　　《西游记》的故事，在今日仍不断激起作家的创作欲望。他们主要以童话或绘本的形式，创作出许许多多《西游记》的续作。历史

图六三：由上至下依序为《猪八戒招祸狂犬谷》、《猪八戒化斋百花村》、《猪八戒苦寻灵芝草》。三书皆收入丛书《猪八戒外传》。

学家童恩正（1935—1997）的《西游新记》[27]，描写孙悟空师兄弟三人，在美国波士顿的麻省理工学院一边读书，一边观察美国社会。在故事的最后，悟空以理论物理学的研究，八戒以论文《论美国农业发展的方向》，悟净以论文《唐僧取经史》，各自取得了博士学位。

《西游记》的续作应该会继续写下去吧！总之，故事里最受欢迎的角色非猪八戒莫属，近年甚至出版了一套绘本丛书《猪八戒外传》（1981）。

如各位所熟知，猪八戒有惊人的食量。在《西游新记》里，八戒参加"世界大吃冠军锦标赛"，轻轻松松就夺得冠军。八戒并不是美食家，而是永远的、也是最顶尖的饱食家。对了，这家伙不知是在哪儿哼着这首小曲的：

> 自离天门到下方，只身惟恨少糟糠。[28]

不用说，糟（酒糟）和糠（米糠）都是很普遍的猪饲料。八戒不管在路上得到什么美食，完全不会慢慢品尝。不论是什么，他都一口气吞进肚里。只要能填饱肚子（虽然这是不太可能的事），他就会看似幸福地摸摸肚皮。

《西游记》第六十七回有这么一则故事：唐僧一行人至一处村庄躲雨，庄主听到他们要去西天取经，连忙劝道："去不得，庄后柿山难以通过，何况西天之途。"原来村庄西边有座柿山，山中唯一的通路，地上满是腐烂柿子，臭味冲天，无人敢过。于是，八戒就变成一只巨大的猪，将污秽山路彻底清扫，开出一条大路，一行人遂得以通过柿山。

现在，还请各位读者再仔细瞧瞧这里所附的各种猪八戒图像吧！

猪八戒曾经是个瘦子！

各位读者，当您听到"猪八戒"的名字，脑中浮现出什么样的外形和长相呢？ 我常常问附近的小朋友和大人这个问题，他们大多回答："八戒是一只脸圆体胖的白猪。"日本的绘本和电视卡通影集《悟空的大冒险》，以及前面提过的中国绘本，里面的八戒大多是这副模样，所以我们现代人（也包含中国人在内）有"圆脸白猪"的印象，其来有自。

然而，仔细读《西游记》的话，可以发现原文明明写的是"长嘴大耳的黑猪"。明清两代的插图，对于八戒的鼻子和耳朵，仍守着《西游记》原文里的形状，但是通常不会把八戒画成"黑色"的。近代以来的插图，如前面所见，已不再保留原本形貌，而是画成各种不同的八戒。

这些插图揭露了许许多多的事情。八戒的出身，已有众多研究者提出种种意见，不过这家伙在人心目中的形象实在太多，研究者对其出身始终未有定论。正因为"八戒是'猪'"的说法，对中国人来说，是相当普遍的认知，所以在其出身问题的定论上所呈现的"真空状态"，就成了贪婪地吸收各种形象的能源。

八戒图像的变迁和八戒故事的续集，同样有许多有趣的主题，只是在此无法详细介绍。最近的日本，依然流行"中国的人与思想"这类读物。跟各位保证，早晚我也来杜撰一本叫作《猪八戒——那只猪与思想》的插图读物，再慢慢来谈。

各位读者，现在请您注意八戒"脖子以下的部位"。他的毛色改变了，脸部和耳朵的形状也变得不一样了。那么，他的体型是不是也发生什么改变呢？

大家听到"大胃王猪八戒"时，心中大概会描绘出"胖子"、"肥胖"的形象。的确，现在我们身边充斥泛滥的绘本和卡通里的猪八戒，也就是轻易能见到的猪八戒，都是胖的，或说肥胖体型的八戒。然而明清两代，即近代以前，小说插图里的八戒，虽然称不上苗条，但绝非肥胖体型。当然，《西游记》原文已明确指出"八戒是个胖子"，只是这点在插图里就被忽略掉了。插图里面出现的人物，只看体型，会觉得几乎都差不多，没有强调谁特别胖或瘦。八戒在图像中变成圆滚滚的胖模样，是近代以后的事情。

这里面有几个原因。其中一个原因，在于"插图"本身的意义，在近代以前和以后完全不同。古典小说的插图，不需要描绘真实的场景。也就是说，插图是用来表现正进行中的故事里，出现了哪些人物。这样说可能有欠斟酌——近代以前的插图，为了表现"什么人？""在哪里？""做什么？"的场面，只要让人物的"脸"能被读者辨识出就行了。

近代以后的中国，情况为之一变。近代画家开始产生"插图也算是'美术'、'艺术'"的自觉，在绘制上就必须带有写实风格。

于是乎，八戒先生不得不接受近代思潮的洗礼。猪八戒的近代化，无非是说他在画像上变得越来越胖了。

胃的想像力

在克卜勒（Johannes Kepler, 1571—1630）的科幻小说《梦》（*Somnium*, 1634）里，那位护送人类到月球的精灵说过这样的话：

> 护送人类是个大工程，可要冒着生命的危险。但是，如果要挑选上路的伙伴，颓靡的人、胖子，还有懦弱的家伙，绝对排除在外。

只要人类是由一块一块的肉构成，就无法去掉"重量"。这"重量"，或说人类的"体重"，对当时的飞行者来说，可谓最大的敌人。不知道那些飞行者，有多恨自己的体重和地球的引力呢？另一部星际探险科幻小说《月球和太阳诸国的滑稽故事》（*Histoire comique des états et empires de la Lune et du Soleil*）里，作者西拉诺·德·贝尔热拉克（Savinien de Cyrano de Bergerac, 1619—1655）借太阳王之口说："太阳人拥有丰富的想像力，身体也很轻；而人类呢，不仅身体重，还没有想像力。"西方的星际探险者，为什么将"身体重"和"没有想像力"混为一谈呢？

当然，我们的猪八戒也经常在天上飞翔。的确，如今他还是乘着云，在空中飞来飞去。不过从他现在的圆滚身材研判，就算乘的是魔法云，似乎也会耗去不少能量。说起来还是以前插图里，那个瘦八戒在空中飞翔的轻盈身影，才让我们感到赏心悦目吧！

近代以降，八戒的图像，看上去已不像原先的精灵模样，而是和人类越来越相似了。《西游记》原文所描述的八戒，原本就不

"瘦"，而是"胖"的，只是现在我们一看便知八戒是个胖子。

现在请再继续翻阅《八戒回乡》这本书。这个不着边际的故事，到最后出现了以下惊人的大团圆结局。

——身处二十一世纪的中华人民共和国而见识到各种科技成果的八戒，在这里得到一个"天职"。各位读者，您猜这天职是什么呢？答案是人民公社的"养猪场保育员"。

话说，在喜马拉雅山里发现八戒的是一位少年，叫作高龙龙。八戒被龙龙带回家后，就住在高家，和龙龙一家人一起生活。

有一天，龙龙发觉八戒最近老是愁眉苦脸的。

"八戒，你为什么不高兴呀？说出来，我们大家来帮助你！"龙龙走到八戒的身边，亲切地安慰着他。

"我……我……"八戒支支吾吾的，脸涨得通红通红。

"八戒，不要紧的，有什么想法就讲出来好啦！"高爷爷也这样劝着他。

八戒犹豫了一阵，经不住大家的催促，就不好意思地把自己的苦恼说了出来——

"我在这里这么长时间，你们都待我亲如家人，我实在是感激不尽！这里的生活又是如此美好，我打心眼里感到高兴，再也不愿意走啦！可是……每天我瞧见自己这副嘴脸，就……"

"这嘴脸怎么样啦？我们可都没有另眼看待你呀！"龙龙还不明白八戒的意思呢。

"你们是对我挺好的！可是，我总不能老待在家里呀，以后，我还想到各地去看看哩。可是，你记得吗——"八戒看着龙龙说，"那次在超级市场，一个小女孩见了我，吓得哭着逃走了！你们看，我这副嘴脸怎么去见人呢！人家不都要被我吓坏了吗？"

"哈，八戒要漂亮
哩！"

由于这缘故，八
戒决定要接受"整容手
术"。

"那你舍得把你的两
只大耳朵和长鼻子割掉
吗？"高医生笑着问他。

"舍得，舍得！我就
是嫌耳朵、鼻子长得太
难看啦！"八戒斩钉截
铁地答道。

隔天下午，便进行
这个前所未有的手术。

图六四：连环画《猪八戒新传》(1979)中写实的八戒。

高医生拿出雷射手术刀（用这种手术刀动手术，切口、缝合都
是自动的，完全不会出血），一刀割下八戒那猪脸上的最大特
征，也就是大耳和长鼻，然后再换上特殊塑胶制成的人造耳鼻。

手术完成后，八戒看到镜中的自己跟一般人类没有两样，
心里感到十分满意。在值班室等候的众人，也兴高采烈地向手
术室奔去。

"八戒，恭喜你啦！"

龙龙热烈地握着八戒的手。然后，龙龙说："好了，现在我
们回去吧！"

忽然，八戒大声地说："等一等，等一等，我还要换个东西
呢！"

图六五：（上）猪八戒在养猪场喂养不久将被人吃掉的可爱小猪。（下）不再是猪的八戒。桌上还摆了昔日作猪的"遗像"。皆出自《八戒回乡》。

"还要换？"在场的人都惊奇得叫了起来。

八戒走到高医生面前，用手拍着自己的大肚子，说："高医生，请您替我换个肚子吧！"

"换肚子？ 哈哈……"大家听了，一齐笑起来。

"你们笑什么！ 我就是要换个肚子嘛！"八戒仍然非常正经地说，"我一顿饭要吃一百多个馍馍，这多浪费呀！ 不换，将来俺怎么工作呢！"

"呵，那只能替你换个胃啰！ 肚子可不能换呀！"高医生笑着说，"好吧，那你得在这里住几天医院啦！"

八戒借着这篇幅短小的童话，抛弃了原本的"猪八戒"身分。不仅容貌变得跟人类一样，连胃也换成了一般食量的胃。大胃王猪八戒至此已死，随之而生的是一位养猪业者。

正如各位想像的那样，"无止尽地追求饱食的意念"，就是他——猪八戒最基本的生命。他用胃来思考，用胃来想像。容貌变得跟人一样，倒也还好。可是在扔掉他那铁胃的瞬间，他还辞去了"饱食的堕落天使"一职，成为人民公社里一位认真的社员，而被吞进了这个巨大国家的巨胃里。近代以后才开始变胖的猪八戒，在写实画风之下，最终也不得不放弃他那妖怪的身分。

在《西游新记》里，人在美国的八戒为肥胖所苦，特地到"包你瘦"公司去减肥。这也意味，过去胖得很健康的他，成了近代以后才出现，而如今广为流行的"肥胖即是病"思想的受害者。

《八戒回乡》——哎呀！这回我可选了一本荒谬的读物当作教科书了。读到最后一章时，我还得把八戒最后迎向的死亡，还有八戒再生的戏码所具的意义及其可怕处，统统说给学生听。"这样一来，根本教不完了，不如在整本读完前把这门课给解散算了！"我只在心里偷偷地想，可不敢给学生知道。

什么？减肥？——啊！对对，我完全忘了！猪八戒先生的减肥法，那个不管吃多少都不会胖的方法。

——总之，结论就是，我们不妨学过去的八戒先生，不管喜不喜欢，只要把东西吃进肚里就好，顺便花十几年岁月到印度取个经回来。有时相信世上有妖怪存在，和他们斗上一斗，有时还要把满地发臭的腐烂柿子吃光光。如此一来，就能像小说插图里的八戒一样，灵巧地在空中飞翔了。什么？您问这种荒唐的事办得到吗？呵呵，都说那么清楚了，再来就不关我的事啰！反正，变胖也不错啊！胖啊胖啊，胖到圆滚滚吧！既然有时间学什么减肥，不妨也仿效一下古代人的想像力，认真想一想飞翔的方法吧！要不然，接触到"近代"这个东西后，就会越来越胖，最后连自己的胃都得换掉了。也就是说，那"不再大吃大喝的猪八戒"的喜剧和悲剧，很可能一再发生在您身上喔！

六、"美丽岛屿"之旅
——"台湾人"撒玛纳札"美丽岛的故事"

探查远东的语言
视察日本后，随伊东满所（1569?—1612）等"天正遣欧少年使节团"一同前往罗马的耶稣会东方教区总巡察使范礼安（Alessandro Valignano, 1539—1606），于 1582 年 8 月，在澳门迎接来到中国传教的利玛窦。奉范礼安之命开始学习汉语的利玛窦，在来到中国后所写、现存最早的一封书信中，谈到中国语言（汉语）的特征：

> 这种语言（指汉语）完全不同于希腊语和德语，讲起话来非常暧昧不明，一词多义的情形也很普遍，有时仅以发音高低，即以四种高低不同的声调，来区别词义。……提到文字，如果不是像我这样目睹的人，一定不会相信。世上有多少语言所能描述的万物，就有多少中国文字，中文字超过了七万个，而且都是奇形异状。
>
> （一五八三年二月十三日）[29]

在此稍作补充说明。汉语是"声调语"，每个字音都具有高低不同的声调。声调的种类随时代和地区而有不同，例如现在的北京话有四个声调。汉语常被称为"富音乐性"的语言，即是出于这个缘故。声调对外国的汉语学习者来说，非常难学。具声调变化的汉语，在当时西方人眼中，应是非常珍奇的语言。

第一次世界大战结束后，四名西方人士搭乘的小型客机在喀喇昆仑山脉上空遭人劫机，而被载往位于西藏内地、长生不老的秘境"香格里拉"。——英国作家詹姆斯·希尔顿（James Hilton, 1900—1954）的小说《消失的地平线》（*Lost Horizon*, 1933），即从此处开始说起。读过这本小说的读者，应该还记得故事主角康威（Conway）在香格里拉喇嘛寺的图书室里，见到东洋学相关珍本书籍的场景吧？里面所举出的真实书籍里，有一本是契尔学（Athanasius Kircher, 1602—1680）的《中国图说》（*China Illustrata*, 1667）。

契尔学在《中国图说》谈汉语的一章中，说明了这种语言"富音乐性"的声调系统。《中国图说》说汉语有五个声调，将这五个声调比作 Do、Re、Mi、Fa、So，并以"Ya"音为例，在旁边附上小小的奇妙"汉字"："牙"、"亚"、"雅"、"讶"、"鸭"，来表示它的五个声调变化。这也意味，尽管同为"Ya"音，但如"牙"、"亚"、"雅"、"讶"、"鸭"所示，只要声调不同，意义和文字就不一样。不太懂汉语的契尔学，为了把远东这个不可思议的语言和文字奇特之处，例如声调系统、汉字造字系统等等，介绍到欧洲，而努力奋斗。

附带一提，十七世纪的中国，对西方语言产生高度兴趣。在华传教士金尼阁（Nicolas Trigault, 1577—1628）在中国人王征（1571—1644）协助下，写出有系统地用罗马字母标音汉字的著作《西儒耳目资》（1626），这可说是中西双方对彼此语言互感兴趣的结果下诞生的作品。方才提到"Ya"音的五个声调变化，亦见于此书，只是其中一字不同。王征顺着这股交流热潮，隔年和传教士邓玉函合力完成介绍欧洲机械工程学的《远西奇器图说》。他在凡例列出二十个罗马字符号，用以标记解说书中的欧洲插图[30]。

利玛窦、金尼阁、契尔学等耶稣会士的工作，虽然招致许多误解，却奠定了欧洲东洋学的基础。契尔学于 1680 年去世。前一年，一位在后来为介绍远东语言、文化和历史而努力奋斗的男子诞生了。他叫作乔治·撒玛纳札。

一位"台湾人"杜撰的台湾

乔治·撒玛纳札（George Psalmanaazaar, 1679?—1763）自称是在"福尔摩沙"（Formosa）即台湾出生的"台湾人"。1704 年，他在伦敦出版了《福尔摩沙岛历史与地理的描述》（*An Historical and Geographical Description of Formosa: An Island Subject to the Emperor of Japan, Giving an Account of the Religion, Customs, Manners, etc. of the Inhabitants*，以下简称《台湾岛志》）[31]。撒玛纳札原先用拉丁文写成，献给伦敦主教。不久再由他人译成英文出版，也就是这本《台湾岛志》。此书一出版便大受欢迎，几年后还出了德译本。书名副题"臣属于日本天皇"（*Subject to the Emperor of Japan*）指的是什么？ 只要读书中关于台湾历史的部分就会了解。下面便对这部分作简单介绍。

尽管长年遭受□□□和荷兰人的侵略，台湾仍能保持独立自主的地位，直到莫里安大奴（Meryaandanoo）—— 此人原本是中国人——强夺日本皇位后，才面临最大危机。莫里安大奴继位两年后，谎称自己得了绝症，派使者带信给台湾国王。信的内容为："寡人久患重疾，虽祭告吾国神明求赐痊愈，皆徒劳无益。寡人不知是否触犯诸神，抑或神明亦无能为力。寡人一向敬仰贵国之神，笃信其神威与慈悲，故望足下首肯寡人遣使献上牲祭，以求康复。倘贵国神明哂纳祭品而赐恩，寡人势将于日本全境及所属各地积极推行贵国之宗教，以贵国之神为我国之神。"台湾国王同意日皇莫里安大奴派人来献祭，使者回日本禀报台湾国王的答复，日皇立刻命人将藏着士兵的数百辆战车伪装成载运祭品的车队，派往台湾。进入台湾的日本军队，在三地同时发动攻势，并要台湾国王向日本皇帝投降，"否则将处死国王，杀尽所有居民"。台湾国王见大势已去，只好无条件投降。之后，台湾国王由日皇派任，握有真正实权。原来的台湾国王则沦为无实权的副王。自那时起，台湾就纳入日本"统治"下，以至于今。

这里所讲的这段历史，对我们来说应该很陌生。日本国的莫里安大奴究竟指何人？ 还有，日本以前曾用特洛伊木马屠城那样的作战方式，入侵过台湾吗？

　　"台湾人"撒玛纳札所说的"台湾"，其实是自称"撒玛纳札"的天才骗子所虚构的世界。他的《台湾岛志》是不真实的台湾史志，姑且称作"虚构作品"吧！英译本初版（1704）分成两卷，第一卷为作者到欧洲后的经历和作者的宗教观，第二卷为《台湾的地方志》。英译本第二版（1705）将第一卷和第二卷的内容对调过来，也就是说，描写上更为客观且读来十分有趣的《台湾的地方志》，被摆到最前面的位置。《台湾的地方志》在初版分为三十七章，在第二版分为四十章，内容方面大致相同[32]。第二版另附有台湾地图和"魔鬼偶像"（The Idol of the DEVIL）的插图。第二版的内容为：

第一章　地理概况

第二章　历史大事

第三章　治国律法

第四章　宗教信仰

第五章　宗教节庆

第六章　斋戒日

第七章　节日仪典

第八章　祭司选任

第九章　日月星辰崇拜

第十章　礼拜姿势

第十一章　生育礼仪

第十二章　婚姻礼俗

第十三章　殡葬礼俗

第十四章　灵魂转世说

第十五章　魔鬼崇拜

第十六章　祭司的装束

158

撒玛纳札在第二版序文中说："本书的初版本很快就销售一空，

而想要购买的读者持续增加，书商遂就再版一事征询本人意见，并建议本人增写新内容，以及借此回应各界对本书和本人的恶意批评。”当时此书很畅销是不争事实。因为这部“虚构作品”杜撰技巧十分高明，不是那些爱瞎编故事的人随随便便就编得出的。

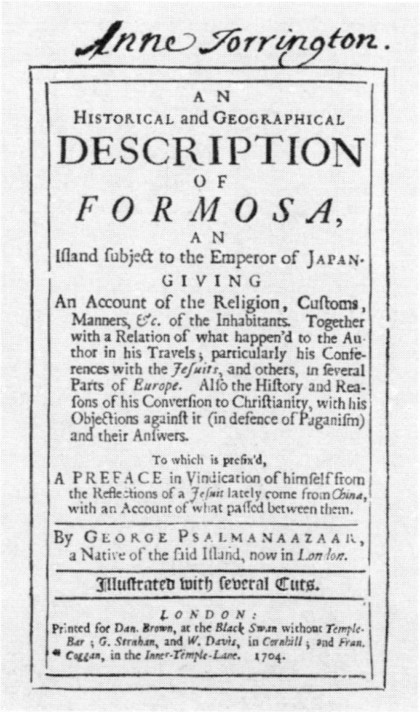
Anne Torrington.

AN
HISTORICAL and GEOGRAPHICAL
DESCRIPTION
OF
FORMOSA,
AN
Island subject to the Emperor of JAPAN.
GIVING
An Account of the Religion, Customs, Manners, &c. of the Inhabitants. Together with a Relation of what happen'd to the Author in his Travels; particularly his Conferences with the *Jesuits*, and others, in several Parts of *Europe*. Also the History and Reasons of his Conversion to Christianity, with his Objections against it (in defence of Paganism) and their Answers.

To which is prefix'd,
A PREFACE in Vindication of himself from the Reflections of a *Jesuit* lately come from *China*, with an Account of what passed between them.

By GEORGE PSALMANAAZAAR, a Native of the said Island, now in *London*.

Illustrated with several Cuts.

LONDON:
Printed for *Dan. Brown*, at the *Black Swan* without *Temple-Bar*; *G. Strahan*, and *W. Davis*, in *Cornhill*; and *Fran. Coggan*, in the *Inner-Temple-Lane*. 1704.

图六六：《台湾岛志》初版扉页。

和所有优秀的骗子一样，撒玛纳札这位骗子为了加强真实感，也作了相当充分的研究。台湾在历史上经历过三段“被统治时期”。最初从1624年到1662年由荷兰统治，郑成功（1624—1662）赶走荷兰人后，由郑氏三代统治到1683年降清为止，之后纳入清朝版图之下。日本自1593年丰臣秀吉（1537—1598）致书台湾（当时称“高山国”）要求纳贡以来，有马晴信（1609）、村山等安（1616）、滨田弥兵卫（1628）等人，先后组织武装船队远征台湾，却没能像莫里安大奴一样把台湾给并吞下来。尽管与史实不符，想必撒玛纳札也了解当时台湾的紧张情势。《台湾岛志》将许多“事实”和“虚构”巧妙地穿插在一起。耶稣会在日本所受的迫害以及日本的“踏绘”制度[33]，此书也都有记载。岛田孝右（1942—）的《菊花与狮子——日英交流史上日本消息的起源》[34]指出，撒玛纳札是从阿诺尔多·蒙塔努斯（Arnoldus Montanus, 1625?—1683）的《日本图志》（*Atlas Japannensis*, 1669）获知“踏绘”制度的消息。

图六七：台湾及周边示意图（《台湾岛志》第二版）。

"莫里安大奴（Meryaandanoo）"系指"莫里安殿"。传教士和商人从日本传回的报告书，里面所记的"○○ dono"为"○○殿"的音译。例如1600年前后待在日本的西班牙商人阿维拉·吉隆[35]的《日本王国记》（*Relación del Reino de Nippon a que llaman corruptamente Jappon*），就有"Yquedandono（池田殿）"[36]、"Xiuatandono（柴田殿）"[37]的记载。从这两个例子可知，浊音（这里指闭锁音 d）前的母音有鼻音化的倾向，是故边听边记的欧洲人，用罗马字母拼写时，会在 d 的前面加个 n。担任德川幕府通译的耶稣会士陆若汉（João Rodrigues, 1561—1633），他所编著日本语学方面的伟大作品《日本大文典》[38]，里头也记录了这个现象。撒玛纳札捏造的"Meryaandanoo"，也是"正确"照着这拼写原则来的。那么，"莫里安殿"系指何人呢？我认为是指"有马殿"，也就是在范礼安建议下，派遣少年使节（史称"天正遣欧使节团"）前往罗马教廷，名声亦为欧洲人所知的天主教大名有马晴信（1567—1612）。"莫里安殿"是将"有马（Arima）殿"的字母顺序给颠倒过来，算是一种错位法的文字游戏，即：

A.ri.ma → A.ry.ma → Ma.ry.a → Me.ry.a → Me.ry.aan
（danoo）

这不禁让人联想起有马晴信派遣船队远征台湾的史实。总之，对当时的英国人来说，那看起来就像是"日本国王"的名字。撒玛纳札从这些无数的"史实"中逐一爬梳筛选，巧妙地编织成百分之九十九纯属虚构、百分之一"像真有那么一回事"的故事。不过就算是虚构，他的想像力也太可怕了吧！因为两百年后真的发生了日本侵略台湾的事件。

《台湾岛志》还仔细英译了莫里安大奴写给台湾国王的书信副本，并在注释中声称"家父存有此信副本"。但是当时欧洲人对台湾并非一无所知，所以撒玛纳札没多久就露出马脚。《台湾岛志》第二版中，他还一一回应各方对初版所提出的质疑批判。英人张伯伦（Basil Hall Chamberlain, 1850—1935）在第六版《日本事物志》[39]的"福尔摩沙"项目中指出："世上学者几乎被这本书给蒙骗到现在。"可见撒玛纳札的谎言维持了很长一段时间。

"台湾语"初级讲座

自称"撒玛纳札"的男子究竟生于何处，始终是个谜。一说在法国出生，父母都是法国人。具语言天分的撒玛纳札，早年在各地流浪，经常变换身分。投效荷兰陆军时，冒充自己是"在日本出生的士兵"，引起随军牧师威廉·英尼斯（William Innes）的注意。英尼斯这家伙其实也是个大骗子。他建议撒玛纳札，扮成日本人的话容易被人揭穿，倒不如扮成不像日本那么有名的台湾人来得妥当些，然后就把"台湾人"撒玛纳札带回伦敦。英尼斯提供了华丽的舞台，让改信基督教的外国人撒玛纳札，以"台湾人"身分初次在世人面前登台表演。这位"台湾人",开始将基督教义问答集翻译成全世界只有他懂得的虚构的"台湾语"。

《台湾岛志》设有《台湾人的语言》一章[40],从中可窥知"台湾语"的梗概。撒玛纳札为了使读者对"台湾语"有初步了解,列举了以下常用单字的罗马字拼音:

皇帝是 Baghathaan Cheveraal;

邦主是 Bagalo 或 Angon;

钦命总督是 Bagalendro 或 Bagalender;

贵族是 Tanos;

市民是 Poulinos;

兵士是 Plessios;

男人是 Banajo;

女人是 Bajane;

儿子是 Bot;

女儿是 Boti;

父亲是 Pornio;

母亲是 Porniin;

兄弟是 Geovreo;

姊妹是 Javraiin;

岛屿是 Avia;

城市是 Tillo;

乡村是 Casseo;

天堂是 Orhnio;

土地是 Badi;

海是 Anso;

......[41]

  撒玛纳札说，"台湾语"的名词分为阴性、阳性和中性三种，三者的区分全靠冠词，但复数名词不分性别，冠词用法皆相同。"台湾语"的时态由音调的提高或降低来区分。现在式不必提高或降低音调，过去式要将动词的第一音节上扬，第二音节以下下降。未来式则反之，第一音节下降，第二音节以下上扬。"台湾语"源自日本语，只不过发音方法与日本语有些差异。撒玛纳札又说，日本人因为造反而被逐出中国，他们在日本列岛定居下来后，依然对逐出一事怀恨在心，于是把一切跟中国共通的事物都改了，包括语言、法律、风俗、习惯等，因此日文和中文毫不相像。

  日本人被逐出中国，以及日本人后来一改中国语言、习惯的奇妙故事，亦见于门多萨（Juan González de Mendoza, 1545—1618）的《中华大帝国史》（*Historia de las Cosas Más Notables*）法语版（1588）和林斯荷登（Jan Huyghen van Linschoten, 1563—1611）的《东印度水路志》（*Itinerario, Voyage ofte Schipvaert, van Jan Huygen van Linschoten naer Oost ofte Portugaels Indien*, 1596）。即使到了十七世纪，阿维拉·吉隆的《日本王国记》和弗朗索瓦·卡隆（François Caron, 1600—1673）的《日本大王国志》（*Beschrijvinghe van het*

图六八：（左）邦主。（右）邦主夫人。

Machtigh Coninckrijcke Japan），仍可见零星记载。这些记载或许是
根据倭寇相关消息而来的吧？无论如何，这谜团还得请人解开才行。

撒玛纳札还贴心地附上用"台湾语"翻译的《主祷文》、《使徒
信经》、《十诫》译文，供读者参考。《主祷文》（The Lord's Prayer，
"台湾语"作"Koriakia Vomera"）开头的名句"我们在天上的父，愿
人都尊祢的名为圣"，译成"台湾语"是：

> 英语 　Our Father who in Heaven art,
> 　　　　Hallowed be thy Name.
> 台湾语　Amy Pornio dan chin Ornio viey,
> 　　　　Gnayjorhe sai Lory.

此处也出现先前提过的单字"Pornio（父亲）"。从这对照看来，
"台湾语"和英语的语序大致相同。如果只是换换单字，撒玛纳札倒
还能应付。但要说撒玛纳札先生是"异世界语言的设计者"，未免有
些夸大。算了，不去追究了。

接着来看撒玛纳札作成的"台湾语"字母表（图七一）。最上一
格从左边有"Name"和"Power"，中间隔一空栏，然后有"Figure"
和"Name"。"Figure"是"台湾文字"的字形。每个字母都有两种
读音，各以不同小写字作为区别。因此大写字加上两种小写字，总
共有三种字体。"Power"是用罗马字母标示"台湾文字"的拼用法，
左侧大写符号为拼音标记，后两个小写符号表示实际发音。最右侧
"Name"栏的符号为"台湾字母"的原名称，就像英语字母H原本
名称叫作"aitch"。最左侧"Name"栏是用罗马字母拼出"台湾文
字"的读音。例如，最上层的 I 字，本身读作"阿姆（Am̃）"，实
际上当作"a"或"ao"的音来用。又如，最下面的文字�，读作"高

美拉（Gomera）"，实际上当作"g"或"j"的音来用。再者，根据最右侧"Name"栏的写法来看，"台湾字母"应是从右写到左的文字。

山本七平（1921—1991）指出，"台湾字母"当中，有四种是从源自古希伯来字母的撒玛利亚字母（Samaritan alphabet）中获得灵感，"这表示撒玛纳札懂得只有专家才知道的撒玛利亚字体"[42]。"台湾字母"确实有几个类似撒玛利亚字母，不过就相

图六九：左上为城市平民。右上为乡下人。左下为未婚少女。右下为新娘。

似性来看，希腊字母、南阿拉伯字母，甚至印度婆罗米系统的城体字母（nagari）中，都可找到几个极为相似的字母。所以"台湾字母"的原型，不只有撒玛利亚字母而已。

《台湾岛志》第三十二章登有"台湾货币"的插图，这些货币上都刻有文字。下层的两个货币，刻着"台湾文字""荣耀致神"。中层的货币，刻着日本古代文字。在绥夫特（Jonathan Swift, 1667—1745）《格列佛游记》（*Gulliver's Travels*）第三部《诸岛国游记》中，提到一种长得像吃角子老虎的巨大"知识制造机"。这台机器所制造出的文

图七十：葬礼。送葬队伍正将死者遗体运往火葬地点火化。

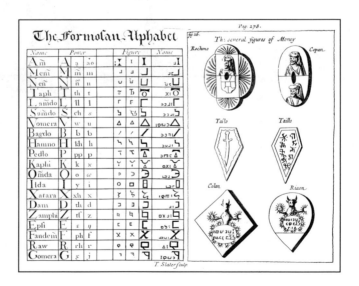

图七一：（左）"台湾语"的字母表。
（右）各种"台湾"货币。左上，罗士木（Rochmo）。右上，小判（Copan）。左中，它伊娄（Taillo）正面。右中，它伊娄背面。左下，扣蓝（Colan）。右下，里亚恩（Riaon）。

字，形似恩格尔伯特·肯
普费（Engelbert Kaempfer,
1651—1716）《日本史》
（*The History of Japan*,
1727）里介绍过的假名文
字。而在肯普费以前，西
方世界对日本文字的介绍，
撒玛纳札应该见过。绥夫
特在《刍议》（*A Modest
Proposal*, 1729）里提到撒
玛纳札之名，所以说不定
他读过《台湾岛志》，才从
撒玛纳札的"台湾语"字
母得到灵感。

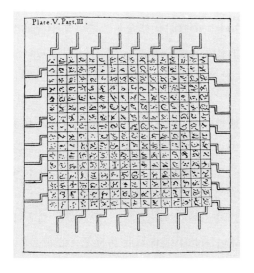

图七二：《格列佛游记》的"知识制造机"。

当然《格列佛游记》
和《台湾岛志》性质完全
不同，不能相提并论。然
而，当时的英国，出现许
多地理幻想小说，以及捏
造得几可乱真的地理报
告。马歇尔（Peter James
Marshall, 1933—）和威
廉斯（Glyndwr Williams,

图七三：恩格尔伯特·肯普费《日本史》所介绍的假名
文字表。

1932—）合著的《伟大的人类地图——启蒙时代英国人对世界的认
识》[43]，如此评论《台湾岛志》："在这类骗人故事当中，撒玛纳札所
杜撰的故事可能是最有名的。"

虚构之死与再生

靠着高明骗术跻身欧洲上流社会的撒玛纳札，晚年过得并不好。"台湾热"消退后，被英尼斯抛下不顾的撒玛纳札，一边和人合作贩卖"台湾白漆"，一边当起了画扇面的画师，过着落魄的生活。他运用天赋的语言能力和学识，执笔撰写《印刷的历史》(*General History of Printing*, 1732)，并负责编写《世界史》(*An Universal History*, 1736—1765)中的"犹太史"项目。《地理大系》(*A Complete System of Geography*, 1747)里台湾的项目是他匿名编写的作品，他还在里面透露"撒玛纳札《台湾岛志》的记载并不正确"。晚年的撒玛纳札，开始对自己年轻时撒过那么多谎感到悔悟。诚如种村季弘（1933—2004）在《时代错乱》[44]里《文学上的变装术》中所说："总之，撒玛纳札是年老糊涂了。"陈舜臣（1924—2015）获直木赏后的首篇作品《求神宽恕》[45]，便是以痛悔前非的撒玛纳札为主题。

伊能嘉矩（1867—1925）的古典巨著《台湾文化志》(1928)，特地设了一章《撒玛纳札对台湾的介绍》[46]，详细介绍《台湾岛志》。如"依下列该书之记述，介绍其虚构之大概"所言，该章介绍撒玛纳札所捏造的种种台湾事情，而章末则如此作结："撒玛纳札断定台湾为日本领土，不外是把握过去台日间历史关联，而承认日本人在台湾占有优势之结果，但这亦可看作事先已洞察日本将来勃兴之气运，因此不能说撒玛纳札毫无睿见。"

从当时的时代背景来看，伊能这段话没有什么特别。但就算是我们，也觉得这样的巧合未免太不可思议了。只是，没有日本人好好利用撒玛纳札，来建立所谓"大日本帝国""领有"台湾的"正当性"。该说是幸，还是不幸？日本的政治家似乎没有那么聪明。不过，撒玛纳札的著作作为伟大的预言书而重生，这种可能性多少有吧！ 在日本国民受到各种如魔法般口号蛊惑的"大东亚战争"期间，只要有人发现此书的利用价值，那么《台湾岛志》就不会是一本荒唐无稽的书了；因为，它将作为一本预言出现"台湾总督府"的经典著作，重现于世人面前。"虚构"，不，应该说"认为虚构不过是虚构"，是很可怕的。"史实"随时有可能被推翻，同样地，"虚构"也暗中等着哪天有人来推翻它。

美丽岛的传说

十六世纪中叶，航经台湾海峡的葡萄牙船员，从海上远望台湾岛，不禁高呼："Ilha Formosa！"在葡萄牙文里，"Ilha"为"岛"，"Formosa"为"美丽"。"Ilha Formosa！"即"这座岛真美丽呀！"也就是"美丽之岛"的意思。据说台湾的英文名称"Formosa"（福尔摩沙）就是这么来的。葡萄牙人本来就有见到岛屿必高呼"多美丽的岛屿啊！"的"习性"，被他们称为"Formosa"的岛屿，除了台湾以外，还有好几个。葡萄牙的殖民地巴西，到处都有称为"Formosa"或"Formoso"的地名。这就跟日本人取"美丽之丘"、"美丽之原"的名字一样，重点不在于这名字是常见地名，而在于这名字是外地来的人脱口赞道"这座岛真美丽呀！"才得到的。换句话说，当这座岛被称为"Formosa"时，只有对外来者，它才是"某个美丽岛"。欧洲人希望东方海上有"美丽岛"。十七、十八世纪的欧洲人，应该都想被骗吧！撒玛纳札"在下不揣冒昧，特地为各位介绍……"的杜撰行为，正是应这样的需求而生。

1989 年 8 月，可爱的航海家二号（Voyager 2）太空船（它和距离哈雷彗星最近的乔托号太空船一样可爱），所带回来"海王星"那蓝色孤岛模样的照片，不是让我们发出了类似"多美丽的岛屿啊！"的赞叹声吗？现在要出现"海王星人"撒玛纳札也许有点困难，不过，一部全新充满惊奇的冒险故事，一定还会被人给写出来。不论哪个时代，人类这种生物，都得了没有"陌生国度的故事"就不行的奇妙病症。撒玛纳札和他的读者，正是这样的人。他们在需要和提供看不完的故事上，展开频繁交流。这种人的行为，跟某些人期望发明不可能存在的永动机的行为，可说如出一辙。

现在我们必须好好跟"台湾人"撒玛纳札所虚构的"台湾"打交道才行。因为接下来人类还得继续进行虚实难辨的"多美丽的岛屿啊！"之旅。

七、活跃的"铁漫口"
—— 在插图小说里暗中活动的假中国人

繁衍的巨人

这里列举的是江户时代，日本和清代中国描绘世界七大奇景之一"罗德斯岛巨人像"（The Colossus of Rhodes）的插图（图七四、

七五、七六）。单一题材历经时空演变后，却逐渐衍生出新的成员来。由近世日本和中国分别诠释的欧洲事物，逐一形成各自的"世界"，生出和诠释者一样多的多元宇宙。这里刊出的三幅罗德斯岛巨人像，是构成近世东

图七四：清末人眼中所幻视的罗德斯岛真实存在的巨人像。出自《点石斋画报》。

亚人"世界像"的欧洲成分之一。虽然艺术史家曾就这些巨人图像，指出各自的画法特征，不过对非史家的多数"观者"来说，只要相信"罗德斯岛巨人像原来是这个模样"，多样的画法，就构成好几个不同的"世界"。

图七五：歌川国虎"罗得岛凑红毛船入津之图"。

　　然而，对于江户时代日本人"世界像"里的中国成分，我不太很清楚。以绘画来说，我们会觉得在山水画方面，中日两国几乎依循相同规范来画，可是在民间绘画上，如果比较日本的"浮世绘"和中国的"年画"，会认为"浮世绘"部分构图受到"年画"影响，不过两者实为完全异质的空间。再者，不论日本和中国，皆有一套"画欧洲人的画法"。他们把本国人和欧洲人区别开来，画本国人用一套画法，画欧洲人用另一套。然而，可能是同为亚洲人的缘故，江户时代描绘中国相关题材的图像资料里，虽有"画中国人的画法"，但严格来讲，这画法是否严谨，是否将日本人和中国人区分开来，实在无法确定。即使同为亚洲人，在语言方面也全然不同。构成江户人世界

图七六：《虞初新志》的"铜人巨像"。

的中国以及中国人，究竟是什么样子？ 本文试图透过江户时代流行
的汉语游戏加以考察。

古典文学的戏拟

对日本的古典和汉文学嘲弄、嘲讽或施以另类解释，为艳情
小说的旨趣之一。不断把新构想提供给江户通俗文学界的山东京传
（1761—1816），在这类小说领域上留下许多杰作。他的《百人一首
和歌始衣抄》（1787），是对百人一首[47]所作的奇特"解释与欣赏"。
京传说，以往的解释有误，因此要改正错误，并将口传内容记录下
来。如今读得懂古典作品的人越来越少，所以不用指望有人来模仿
戏拟。就算有这样的戏拟作品，也不可能让人打从心底觉得有趣。
附带一提，筒井康隆（1934—）有模仿百人一首的作品《里小仓》。

即使古典诗，也有针对汉诗作另类解释的作品。这里举出的不
是京传的作品，而是《荡子筌枉解》（1770）[48]。这部作品把唐诗选
当成吟咏花柳界事物之作来解释，也就是"以吉原辞，解毛唐人之
诗"（《荡子筌枉解·序》）。当然首要条件是唐诗选的戏拟能让读者
觉得有趣，因此需要脍炙人口的唐诗选。无须担心，毕竟文人墨客
的汉文学素养不在话下，更何况唐诗选还是通俗的古典文学。只不
过日本到这个时代，又出现一种情况，即学习汉语的兴趣，已从仅
能学"之乎者也"的"汉文学"，转往通俗文学和会话，且有几部附
实际发音的辞典问世了。当时花柳界立刻将之当成"汉语模仿游戏"
而引进，与花柳界关系密切的通俗作家，甚至还把它写进作品里。

汉语和洒落本

十八世纪初、元禄年间编成的歌谣集《松之叶》（《松の葉》，
1703），收录一首汉语歌谣《唐人歌》[49]：

かんふらんはるたいてんよ、

ka-n-fu-ra-n-ha-ru-ta-i-te-n-yo、

长崎さくらんじや、

nagasaki-sa-ku-ra-n-ji-ya、

ばちりこていみんよ、

ba-chi-ri-ko-te-i-mi-n-yo、

でんれきえきいきい、

de-n-re-ki-e-ki-i-ki-i、

はんはうろうふすをれえんらんす

ha-n-ha-u-ro-u-fu-su-wo-re-e-n-ra-n-su

这首歌把真正的汉语发音给记录下来，而日本人纯粹是靠语音之有趣来玩的。

小说方面，大坂的洒落本[50]《圣游廓》（1757）[51]，是同类作品中较早出版者。故事虚构孔子、老子、释迦三圣相偕到李白经营的妓院玩女人。找来陪侍的妓女，孔子的是大道太夫，老子的是大空太夫，释迦的是假世太夫。陪客还有白乐天、铁拐仙人等人。后来，释迦留下一张字条给孔子和老子，自己带着假世太夫私奔去了。卷末附上名为"三圣廓中之戏言"的汉语生词表，即所谓"日中辞典"。表内列举的汉语字词用假名拼出汉语发音作为说明，譬如"女郎"的说明为"にいくん"（读作"ni-i-ku-n"，大概指汉语的"女君"？），"尼"的说明为"にいすゑん"（读作"ni-i-su-e-n"，指汉语的"女僧"）。里面也有无法从拼音判断原本汉语字词为何的情况。

洒落本《辰巳之园》（1770）中描写划拳的场面，该处出现的词汇"ゴウサイ"、"ロマデエ"、"パマ"、"トウライ"，读起来近似数字的汉语读音[52]。江户时代的小说家唐来参和（1744?—1810），

174

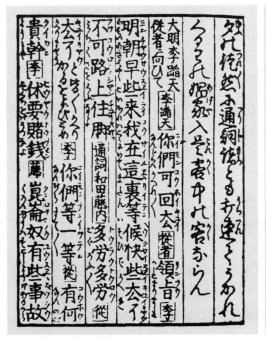

图七七：（左）出自《和唐珍解》。（右）出自《圣游廓》。释迦和妓女假世太夫私奔前，留下用梵文写成的"字条"（カキヲキ）。只不过这里是用日文来表音，即在梵文旁附上片假名标出字音。

也用上这数字的汉语读法。唐来参和的洒落本《和唐珍解》（1785），用汉字记下汉语对话文，并于汉字右侧标示其汉语读音，于汉字左侧用假名标示其日语意思，借字形和字音让读者觉得有趣。例如下面这段中国人的对话：

　　　　ニイモン　　　コウホイキユイ
李蹈天"你们　　　可回去"
　　　なんじらは かへれかへれ
　　　リン　　ツウ

从者　"领旨"
　　　　かしこまりました

　　　　ミンチヤウサウスエイライ
李　　"明　朝　早　些　来，
　　　　あすのあさはやくこい

　　　　コウサイチエエリイテンヘウ
　　　　我　在　这　里　等　候，
　　　　おれはここにいてまたん

　　　　クワイスエイキユイリヤウ
　　　　快　些　去　了，
　　　　いそいでかへれ

　　　　フツコウロウシヤンチユイキヤウ
　　　　不　可　路　上　住　脚"
　　　　みちくさをくふなよ

　　据小池藤五郎（1895—1982）指出，这部作品的发音，参考自当时著名的中国通俗小说翻译家冈岛冠山（1675—1728）所编的辞典《唐话纂要》。

　　作者不详的《廓游唐人寐言》（约 1780 年刊行），讲述从到过日本的荷兰商人那儿买了浮世绘的唐人，见过画中所描绘的吉原[53]后，对日本的寻芳玩乐极为向往，而建造了日式花柳街的故事。唐人认为与其买浮世绘和建造日式花柳街，不如学习日语来得有用，于是

176

就去学日语了。所以书中附有汉语"いんけれす"即日语"ばからしう有んす"、汉语"らいすいどん"即日语"をいらん"[54] 之类的生词表。因为设定给中国人学习日语，所以算是"中日辞典"。

这种语言游戏，最后变成脱离正规汉语、荒唐胡来的汉语游戏，也就是用假汉语来玩的行为。在语言游戏的世界里，原语不详的虚构汉语，毕竟占了大多数吧！像这样出现的虚构汉语，称为"唐言"。

假造的汉语

实际用在风化场所的虚构汉语"唐言"，见于黄表纸[53]《金金先生荣华梦》(1775)：

"ゲコンカシコロウサコンケガ、キコナカサカイコト"

去掉多加的叠韵字，则为：

"ゲン シ ロウサン ガ、キ ナ サ イ ト"

即：

"源四郎さんが、来なさいと"
（源四郎叫你过去）

"イキマカニイケクコカクラ、マコチケナコトイキッケテクコンケナ"

去掉多加的叠韵字，则为：

　　　　"イマ ニイク カラ、マ チ ナ トイ ッ テ
　　ク ン ナ"

即：

　　"いまに行くから、待ちなと言ってくんな"
　　（我现在就去，请他稍待片刻）

　　也就是说，在日语中插入"カキクケコ"诸字，当成具汉语风
格的语言游戏来玩。影响此作品的是前面提过梦中散人寝言先生的
洒落本《辰巳之园》。其卷末附录，对"花柳界行家"必学的语言游
戏作了简单说明。这里直接引用它的说明文字：

　　　　唐言，须加上"五音"
　　始成。唐言规则虽已为人所
　　知，仍在此注明。
　　　　○アカサタナハマヤラ
　　ワ　在这类字后加上カ
　　　　○イキシチニヒミヰリ
　　イ　在这类字后加上キ
　　　　○ウクスツヌフムユル
　　ウ　在这类字后加上ク
　　　　○エケセテネヘメエレ
　　エ　在这类字后加上ケ
　　　　○ヲコソトノホモヨロ
　　オ　在这类字后加上コ

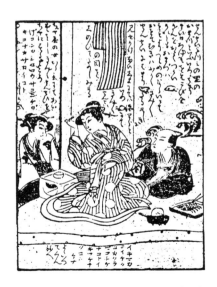

图七八：《金金先生荣华梦》的插图。图中下方
和左上方以片假名拼写出"唐言"。

即是，加上如カ、キ、ク、ケ、コ五音之字。例如，唐言的"客"（キヤク），为"キキヤカクク"。若将唐言还原为日语，须将加上之字删去。例如，唐言的"女"（オコンナ），须将加在"オ"字后的"コ"字删去。判断清音、浊音时，如果是汉字，则换成浊音。除了加上五音的规则，还有一些别的规则。例如，隔字加上"し"字，或加上"き"字，应情况所需，每隔一字加上去。欲说不为人知之事，应立即想到此规则。这类字若用口头传述，尽可能说快点。唐言规则虽已为众人所知，为便于尚不知晓的人了解，仍在此注明。

总之，插进原本文字间的カ行字[56]，原则上如"yi-ki"、"ma-ka"、"mo-ko"、"so-ko"、"de-ke"所示，母音是相同的，即呈现叠韵的关系。这利用了当时日本人熟悉的南方汉语（南京话）的 k 音。这类叠韵表现，似乎是不想让别人知道自己说什么而使用的暗号，但不如把它当成某种语言游戏来玩。《辰巳之园》本文里也出现唐言：

"セ<u>ケ</u>ント<u>コ</u>ノヲ<u>コ</u>ヒキ<u>ノ</u>、カ<u>カ</u>ネ<u>ケ</u>ヲ、ト<u>コ</u>リ<u>キ</u>ニ、キ<u>ッ</u>タ"[57]

"イ<u>キ</u>マ<u>カ</u>ニ、シ<u>キ</u>コ<u>コ</u>ウ<u>ク</u>サ<u>カ</u>ン<u>カ</u>ガ、モ<u>コ</u>ッテ、ク<u>ク</u>ル<u>ク</u>カ<u>カ</u>ラ<u>カ</u>、ソ<u>コ</u>レ<u>ケ</u>マ<u>カ</u>テ<u>ケ</u>ト、イ<u>キ</u>ウ<u>ク</u>テ、ク<u>ク</u>レ<u>ケ</u>、ナ<u>カ</u>サ<u>カ</u>イ<u>キ</u>"

意思为：

"せんどの帯の金を取りにきた"
（他说要收上次的和服带子钱）

　　"今に志厚さんが持ってくるから、それまでと、言うてく
れなさい"

　　（志厚马上会带钱来，请他稍等一会）

　　和《金金先生荣华梦》相比，《辰巳之园》更能正确遵守唐言
"叠韵"的规则。

　　朋诚堂喜三二（1735—1813）的黄表纸《见德一炊梦》（1781），
里面的主角清太郎在长崎结识中国人后，变得很崇拜中国。清太郎
的书法老师是唐人，他看到清太郎写的汉字，用前例的唐言说："ブ
<u>ク</u>キ<u>キ</u>ヨ<u>コ</u>オ<u>コ</u>ナ<u>カ</u>テ<u>ケ</u>ダ<u>カ</u>。"[58] 翻译员告诉清太郎，老师称赞你
"笔法纯熟"（御器用な御手跡）。可是，在已通晓唐言的我们看来，
那句话应该译成"笔法拙劣"（不器用な手だ）才对。对中国满怀热
情的清太郎，终究还是去了"唐土"。清太郎到中国后被称为"潇洒
男子"（イ<u>キ</u>キ<u>キ</u>ナ<u>カ</u>オ<u>コ</u>ト<u>ユ</u>ココ<u>ダ</u><u>カ</u>ネ<u>ケ</u>）[59]，很受中国女人喜
欢。但因言语不通，造成许多不便，清太郎渐渐失去耐性，反倒讨
厌起中国，收拾行李回国去了。

假外国语与唐言

　　最近已很少听到"假外国语"[60] 了。艺人塔摩利[61] 的"假外国
语"，在音韵学上的特征之一，为经常出现叠韵词。这方面的典型
例子，是塔摩利第二张专辑"TAMORI-2"（1978 年东芝 EMI 发行）
收录的架空古典落语[62]《めけせけ》[63]。这首作品在讲主角阿留到
处缠着闲居老人和小老板，问他们知不知道"めけせけ"一词的意
思。对于没有意思的词汇，刻意寻求它的意思，就会生出大概只有
在假外国语圈内才能成立的词语游戏的笑点，而该笑点对我们来说
依旧没有意思，在此情况下，遂引得观众大笑起来！《めけせけ》就

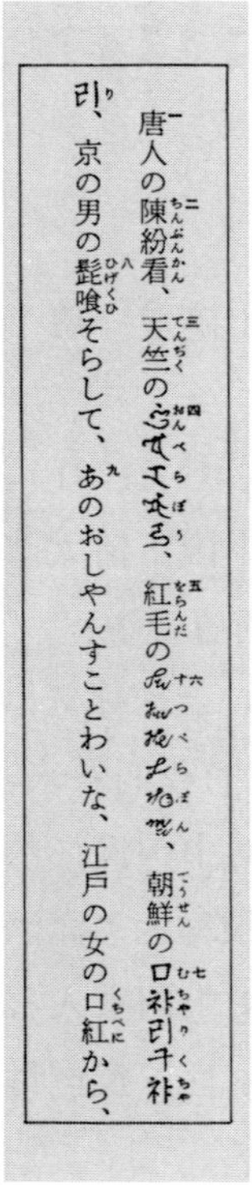

图七九：《根南志具佐》序文的开头部分。

高田卫在《游民的论述》（《遊民のディスクール》，收入《ユリイカ》1988年4月号中），指出这开头部分"词语显得活灵活现，同时也是不具意义的一种奇特语言生态，即艺术性。"这里刻意引用活字排印版本，即岩波书店的日本古典文学大系《风来山人集》。在活字当中，请观察那些看似正在萎缩且不像活字的外国文字的表情。不知道哪种才算是真正的"活字"呢？

是带着上述内容意涵，而在歌颂巴别塔诅咒[64]的作品。毋庸置疑，它是模仿落语《转失气》[65]的作品。掺入假外国语词汇"へれまか"（读作"he-re-ma-ka"）、"はかめこ"（读作"ha-ka-me-ko"）、"めけせれ"（读作"me-ke-se-re"）、"せけめけ"（读作"se-ke-me-ke"）、"へれまかし"（读作"he-re-ma-ka-shi"）、"へけまか"（读作"he-ke-ma-ka"）、"はかまか"（读作"ha-ka-ma-ka"）、"そけへれ"（读作"so-ke-he-re"）[66]的会话，将阿留带往巴别塔崩毁后的废墟。

这里列举的几个词汇，值得注意的是カ行字摆在后面的叠韵。这让人想到江户语中有"へけれけ"（读作"he-ke-re-ke"）这么一个词。"へけれけ"是"女郎"之意的行话，也是句中用来强调前面词语且出处不明的接尾词。例如"まったくもう、因果へけれけだよ！"（"真够倒霉的！"）一句，"へけれけ"即用来强调前面的日文词"因果"（"因果"在此为"倒霉"、"不幸"之意）。总之，它算是唐言——假外国语系的词汇。说到塔摩利，会让人想起夹杂这类语音语调而将之重现的假外国语技艺吧！江户人和我们现代人，着迷于历经两百年、构造相似的语言游戏。这样的态度，实在令人动容。

由此可见，汉语游戏大致分为两种，一种是用真汉语来玩，另一种是用《辰巳之园》卷末附录或《金金先生荣华梦》里的假汉语，

即具有汉语风格的日语，或说插入 k 音，且听来真有那么回事，但
实际上并不存在的汉语来玩。这两种汉语游戏，都是在近代以前日
本的花街柳巷发展起来的。《辰巳之园》卷末附录，可说严谨地整建
出让假汉语成立的游戏体系。换言之，唐言这种假汉语，终究也要
求一套作为游戏所需的严格规则。

猖獗的外国文字

洒落本《女郎买之糠味噌汁》（1788）里的医生吞庵，在人前卖
弄荷兰语："わっちゃア、フロウよりウェインがいい"（我喜欢酒甚
于女人）。"フロウ"即荷语"vrouw"，为"女人"之意；"ウェイン"
即荷语"wijn"，为"（葡萄）酒"之意。用"フロウ"、"ウェイン"
等字眼，或许是一种刻意做作的表现。不过这类以片假名传达字音
的外国语，呈现出奇妙的文字图像，会让人觉得其字形很有趣吧！
洒落本《圣游廓》中，释迦留下的字条用梵文写成。就是因为想炫
耀外国文字，释迦才用表音文字的梵字写字条的。这种语言游戏的
知名先驱，是平贺源内（1728—1780）在《根南志具佐》（1763）里罗
列了汉字、梵字、拉丁字母和韩字（hangul）的序文。

将源内这个可称为独门绝技的构想彻底改头换面的，是先前介绍过
的山东京传《百人一首和歌始衣抄》。汉字、平假名、片假名、倒反字、
梵字、拉丁字母等各种文字，借用古籍注释书这种合适的载体，彷彿进
行"考证学"似的一一列于其上。举例来说，在注解伊势[67]的和歌"難
波潟　短かき蘆のふしの間も逢わでこの世を過ぐしてよとや"（连像难
波江上的芦苇节般，短暂地见面也不肯，就这样过完一生吗？）的段落
当中，除了将"逢わ（あわ）"解释作"粟飯"的"粟（あわ）"（"逢わ"
和"粟"皆读作"awa（あわ）"）之外，还为了考证，在"ヲランダ本
草，ドド子ウスに曰く"（荷兰本草，独独涅乌斯曰）[68]后面引用一段拉

丁文字。独独涅乌斯（Rembertus Dodonaeus, 1517—1585）是把西洋博物学带进江户时代本草学界的博物学著作《草木志》的原作者。幕府雇用的本草学者野吕元丈（1693—1761），从宽保二年（1742）起，据《草木志》节译成《阿兰陀本草和解》。但是这个好像煞有介事的引用文，实际上只是记作"アワノモチモ，イヤイヤ。ソバキリソオメン，クイタイナ"。改天我也来模仿看看。比《百人一首和歌始衣抄》早两年问世的黄表纸《三国传来无句线香》（1785），里面也有京传画上的梵字。

这些文字同时出现在书中，固然出于作者的构想，但也仰赖雕

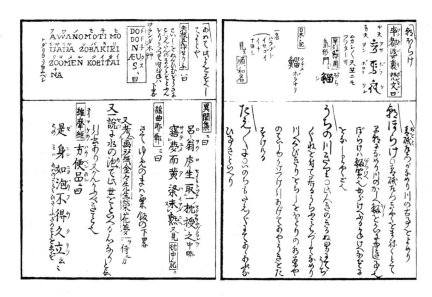

图八十：京传的《百人一首和歌始衣抄》，混杂着汉字、假名、倒反字、梵字、拉丁字母等多种文字。京传懂得如何将雕版印刷术活用到极致，也就是让这些既非图画、亦非传达概念的"外国文字"现身。

（左）在注解"あわ"（读作 a-wa，汉字作"泡"）一词时，讲述卢生"黄粱一梦"故事的《枕中记》和谣曲《邯郸》，以及《金金先生荣华梦》，全都成为考证所用的资料。

（右）为了注解"朝ぼらけ"（读作 asa-bo-ra-ke）一词，引用了卒都婆（木制的长扁墓牌）上面的梵文，并说"很早以前天竺也有"（ムカシムカシ天竺ニモアッタトサ）。接着，话题转往鱼类的"ボラ"（为"ぼら"的片假名，读作 bo-ra，汉字作"鯔"），举出了"鯔"的古名和小名，例如"クチメ"、"ハラブト"、"イセゴイ"，从博物学的角度考证。

版印刷的技术。在一块木板上，图画和文字受到完全同等的对待处理，实为江户出版界之幸。要把京传称作天才也行，因为他时常意识到编辑方面的实务，充分活用当时的雕版印刷技术。

明治以后出版的古典文学全集当中，出现很多只翻印插图小说里的文字，却删除插图，让人难以置信的书。这种曲解过去、全面采用近代活字印刷术的做法，到头来成为近代日本人为了给前近代定罪而执行的愚蠢行为[69]。有一些上了年纪的人，叫人不要追随最近书籍"图像化"的趋势，不喜欢加入插图或图画的书籍。然而事实上，不过在百年前，即便不算上被查禁和遭弹压的书，日本仍是充满"图像式书籍"的理想国。或许是此愚蠢行为的代价，明治以后，日本人身上遂留下像我这种土生土长的北海道人不认同亦不感兴趣的"江户情趣"。我不仅对书名上冠有这类词语的书籍感到不舒服，也认为至今"江户学"的学问仍依附在"江户情趣"之上生存。这种惟有老江户人才能理解的"江户学"，从某个角度来说，真是有趣啊！

"铁漫口"的诞生

说到假汉语，立刻让人联想起十八世纪初期乔治·撒玛纳札惊动欧洲的著作《福尔摩沙岛历史与地理的描述》。撒玛纳札早已成为欧洲社交界绅士名媛取笑的对象，但当时的人确实曾拿他所捏造的、如同唐言的"台湾语"来说着玩。而且十八世纪中叶正值欧洲人的中国观从赞扬转为幻灭的时期。当语言被当成玩具来玩时，说该语言的人也会被当成玩具玩弄。于是操着奇特语言的奇特人，暗中活动起来了。在江户这块土地上，就诞生了一位假中国人。

山东京传著有黄表纸《早道节用守》（1789），这部作品里出现一位中国人，名字叫作"铁漫口"（テレメンテイコ，读作"Te-re-men-tei-ko"）。他奉秦始皇之命，脖子上挂着能让人瞬间飞奔数万里

的护身符，来到日本寻找美女。当代漫画家高野文子（1957—），根据这部作品绘制了现代版的同名短篇漫画。高野版本的《早道节用守》，收入她的漫画作品集《绝对安全剃刀》[70]，请各位一定要找来看看。在她的《早道节用守》中，现代日本所呈现的假中国人图像，正暗中活动着。

"铁漫口"一词出自松节油？

"铁漫口"，似乎是把指称葡萄牙语"松节油"之意的"テレビンテイナ"（Te-re-b-in-t-hi-na）一词当作人名使用。这纯粹是拿近音词来玩，还是跟松节油的意思真有关联，我并不清楚。在人名方面，芝全交（1750—1793）的黄表纸《大悲千禄本》（1785）用了日本人名"铁漫兵卫"（てれめんてい兵衛，读作"Te-re-me-n-tei-bee"）。另外，京传的黄表纸《庐生梦魂其前日》（1791）有"什么唐土吴之丁固，什么铁漫兵卫……"一句，这里的"てれめんてこ"就是用以模仿中国人名"丁固"[71]。假外国语，尤其是江户人所学的荷兰语和汉语，让名字源自荷兰语的奇特中国人"铁漫口"，诞生在十八世纪末的江户。

随后，十九世纪的日本，开始流行穿着奇特罕见的中式服装，在中国乐曲伴奏下跳着"看看踊"[72]。到了明治时代，一方面发展出"法界节"[73]，另一方面仍演出此种歌舞表演，不过最近很少见到了。在"看看踊"的表演中，头垂辫发，身着窄袖，双手抱胸，说着"什么什么也"奇妙日语的"谜样中国人"、"奇怪中国人"，便随之诞生了。

《早道节用守》记下了"铁漫口"在吉原所说的梦话："当人气，恋乎，哔立哔库立哔塔立。哗加，哔哔塔立，哔塔立，沙胡大，柿一玉，年年，猫咪咪，呀，呼，唔唔唔唔唔，呼。"[74]

在旁听完梦话的日本人，回说：

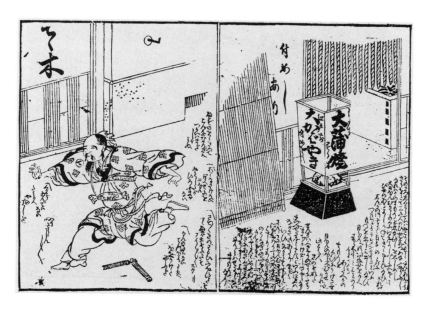

图八一：铁漫口狂奔过吉原。他脖子上挂的护身符是一种传送装置。

"还以为唐人的梦话会讲什么道理……"

的确，过去曾是"好讲道理"之象征[75]的方正文字"汉字"，逐渐变成了供人玩赏、亲密的圆形玩具。过去的"汉文学"主要在学习四书五经，无法从中感受真实的中国和中国人，抛不开"好讲道理"的形象。但是透过阅读中国通俗小说来学习汉语的会话和发音，便能跳脱以往形象，感受到活生生的中国。要是有所误解可麻烦了，不过就算前面引用黄表纸和洒落本的例子，江户人并非拚命嘲弄汉语和中国人，也不是想挑起无视乃至破坏汉文学古板传统的"文化大革命"。汉语游戏的领导者，须具备充分汉文学素养，否则就不能进行"游玩"这种高级的工作。

"铁漫口"，正是江户人努力想解明中国的过程当中，必然生出的、在镜中玩耍的谜样中国人，也是江户人编造出的一小片中国人

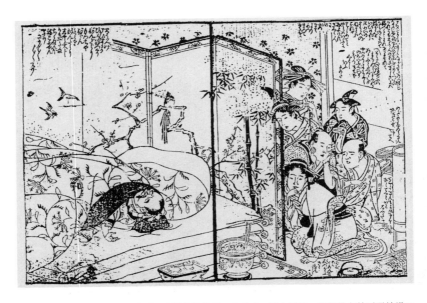

图八二：根据以往的世界观来看，中国人的梦话一定含有一堆大道理。吉原的名妓听了铁漫口"毫无道理"的梦话后，被迫重新修正原有的世界观。

形象的结晶。以现代日本人心中不安又模糊不清的中国人形象塑成雏形，再用积极想理解世界的冲动和好奇心，赋予头部和四肢，使虚拟的奇特外国人"铁漫口"，人模人样地在插图小说里漫步、说话，过起日子来了。

注释

1. 关于上海公共厕所里采集的物质，当时采集人员告诉笔者说是"尿酸云云"，但后来大冢制药的泉雅满先生指出，那不是"尿酸"，而是人尿中所含的酵素"尿激酶（urokinase）"，并提供详细资料给笔者。在此特别注明，并向泉先生谨致谢意。

2. 译注：日本知名作家、导演寺山修司（1935—1983）在电影、戏剧、评论上皆有叫作"丢下书本，上街去"（書を捨てよ、町へ出よう）的作品。这句话在日本还成了流行语。作者的"带着书本，遇见东西就尝一尝"，即戏拟自寺山此语。

3. 译注："土砂降り"（どしゃぶり、do-sya-bu-ri）一词，原为"砂土崩落"之意，现用来形容雨势如砂土崩落般又大又急，即"倾盆大雨"之意。

4. 译注：神谷敏郎，《鯨の自然誌——海に戻つた哺乳類》（东京：中央公论社，1992）。

5. 译注：Berthold Laufer, *Chinese Clay Figures, Part I:Prolegomena on the History of Defensive Armor* (Chicago: Field Museum of Natural History, 1914).

6. 拙译《サイと一角獣》（东京：博品社，1992）即译自此章。

7. 关于"斯基泰羔羊"，尾形希和子、武田雅哉译《スキタイの子羊》（东京：博品社，1996）所收两篇日译论文：亨利．李（Henry Lee）《タタールの植物子羊》（The Vegetable Lamb of Tartary）和劳费尔《ピンナとシリアの子羊》（The Story of the Pinna and the Syrian Lamb），可供参考。

8. 译注：《东游录》有各欧洲语言的抄本，其中最主要的版本为法国国家图书馆馆藏的拉丁文本。

9. 《骷髅的幻戏》原为中野美代子、武田雅哉编译《中国怪谈集》（东京：河出书房新社，1992）的"解说"部分。编者认定为"怪谈"而收录的具体作品，请参照此书。

10. 译注：蔡志忠的《聊斋志异——鬼狐仙怪的传奇》初版于1988年由台北的皇冠杂志社刊行。日译本《マンガ聊斋志異》为常田叶子翻译，1991年由东京的平河出版社刊行。

11. 译注：剧画，指画风写实且故事性强烈的长篇漫画作品。

12. 译注："Memento mori"一词为拉丁文的警语，意思是"不要忘记自己总有一天会死去"，简言之即"勿忘死"或"谨记死亡"之意。在西方世界，"Memento mori"经常作为艺术作品的题材。

13. 译注：作者附有出处："Herbert Wendt 著，小原秀雄、羽田节子、大羽更明译，《世界動物発見史》(东京：平凡社，1988)。"此日译本系依据 Herbert Wendt, Auf Noahs Spuren: *Die Entdeckung der Tiere* (Rastatt: Grote Verlag, 1956) 译出。

14. 译注：葡萄牙国王曼努埃尔一世（Manuel I, 1469—1521）于1495—1521 年在位。

15. 参照荒俣宏，《図鑑の博物誌》(东京：リブロポート，1984)；同氏著，《世界大博物図鑑五·哺乳類》(东京：平凡社，1988)。

16. 译注：《动物志》(*Historiae Animalium*, 1551—1558, 1587)共五卷，初版为拉丁语本，前四卷在 1551 年至 1558 年间陆续出版，第五卷在作者死后的 1587 年出版。

17. 中野美代子、武田雅哉编译，《世紀末中国のかわら版——絵入新聞"点石斋画报"の世界》(东京：福武书店，1989)；武田雅哉，《翔べ！ 大清帝国——近代中国の幻想科学》(东京：リブロポート，1988)。

18. 高山洋吉译，《中国农书·上卷》(东京：生活社，1940)；同氏译，《中国农书·下卷》(东京：生活社，1942)。译注：原书为 Wilhelm Wagner, *Die Chinesische Landwirtschaft* (Berlin: Paul Parey, 1926)，中译本为王建新译，《中国农书》(上海：商务印书馆，1936)。

19. 山西农业大学、江苏农学院主编，《养猪学》(北京：农业出版社，1982）。此书为"全国高等农业院校试用教材"。

20. 农山渔村文化协会编，《豚——基礎生理·品種と系統·基本技術·実際家の飼育技術》（东京：农山渔村文化协会，1983）。

21. 关于《西游记》故事的版本，参见太田辰夫，《西遊記の研究》（东京：研文出版，1984）；中野美代子，《西遊記の秘密》（东京：福武书店，1984）；几部彰，《〈西遊記〉形成史の研究》（东京：创文社，1993）。

22. 关于清末的图像表现，参见拙著《清朝繪師吳友如の事件帖》（东京：作品社，1998）、《世紀末中国のかわら版——〈点石斋画报〉の世界》（东京：中央公论新社，1999）。

23. 谷川俊太郎译，《ペンギンのペンギン》（东京：リブロポート，1983）。
译注：原书为 Dennis Traut (Illus. Tom Calenberg), *Penguin's Penguins* (New York: Penguin Books, 1982).

24. 矢川澄子译，《はだかのサイ》（东京：岩波书店，1988）。
译注：原书为 Michael Ende (Illus. Manfred Schlüter), *Norbert Nackendick: oder, Das nackte Nashorn* (Stuttgart: Thienemann Verlag, 1984).

25. 译注：作者所说的"某国"，乃暗指"日本"。"只是玩那些电池用光就丢弃、昂贵却空洞肤浅的玩具……"一句，点出当时高度经济成长下的日本小孩，玩到的只是"昂贵却空洞肤浅"的玩具的情况。这不仅是作者对日本小孩，也是对日本文化所提出的反省。

26. 译注：诸志祥，《八戒回乡》（郑州：河南人民出版社，1981）。

27. 译注：童恩正，《西游新记》（天津：新蕾出版社，1985）。

28. 译注：出自元末杨景贤所作《西游记杂剧》第四本第十三出《妖猪幻惑》。

29. 引自译者川名公平的《后记》，见 Matteo Ricci、Alvaro Semmedo 著，川名公平、矢泽利彦译注，《中国キリスト教布教史・二》（东京：岩波书店，1983）。译注：此为利玛窦写给富尔纳里神父（Martino de Fornari）的书信。

30. 详见拙著《蒼頡たちの宴——漢字の神話とユートピア》（东京：筑摩书房，1994）。

31. 译注：《台湾岛志》有薛绚翻译的中译本，参见 George Psalmanaazaar 著，薛绚译，《福尔摩沙变形记》（台北：大块文化出版公司，2005）。

32. 对撒玛纳札《台湾岛志》的书目式介绍，参见吉田邦辅，《虚構に賭けた男——Psalmanazar の "An historical and geographical description of Formosa…"》，《参考书志研究》，第二号，1971.01，页一至二二。

33. 译注：十七世纪前期，德川幕府为禁止基督教传播，命民众踩踏刻有耶稣像或圣母像的木板或铜板，如有不从者即视为教徒，将之逮捕处刑。

34. 岛田孝右，《菊とライオン——日英交流史にみる日本情報のルーツ》（东京：社会思想社，1987）。

35. 译注：阿维拉·吉隆（Bernardino de Avila Giron），为十六、十七世纪间西班牙的贸易商人。文禄三年（1594）初抵日本，之后去了东南亚，庆长十二年（1607）再度来到日本，直到元和五年（1619）才离开。

36. 译注：Yquedandono（池田殿），指池田恒兴（1536—1584）。

恒兴为织田家家臣，屡建战功，清州会议上列为织田家四宿老之一。天正十二年（1584）于小牧·长久手之战中战死。

37. 译注：Xiuatandono（柴田殿），指柴田胜家（1522—1583）。胜家为织田家重臣，由织田信长（1534—1582）任命为越前国主。天正十一年（1583）贱岳之战败给羽柴秀吉（即丰臣秀吉），于居城北之庄城自尽。

38. 译注：《日本大文典》(*Arte da Lingoa de Iapam*)是陆若汉用葡萄牙文撰写的日本口语文法书，庆长九年至十三年（1604—1608）在长崎刊行。陆若汉另著有《日本小文典》(*Arte Breve da Lingoa Iapoa*)，于元和六年（1620）刊行。

39. Basil Hall Chamberlain 著，高梨健吉译，《日本事物志1》(东京：平凡社，1969）。译注：《日本事物志》(*Things Japanese: Being Notes on Various Subjects Connected with Japan*)是一部日本文化百科事典，初版于1890年，在伦敦和东京两地出版。

40. 我曾经将《台湾人的语言》(Of the Language of the Formosans）一章译为日文。参见《台湾〈フオルモサ〉の言語について》，收入中野美代子、武田雅哉编译，《中国怪谈集》(东京：河出书房新社，1992），页七三至八八。

41. 译注：此处所举的台湾语单字，惟 "Tanos"（"贵族 [the Nobles]" 之意）、"Poulinos"（"市民 [the Citizens]" 之意）和 "Plessios"（"兵士 [the Soldiers]" 之意）呈复数形态（词尾加 s）。

42. 山本七平，《空想纪行》(东京：讲谈社，1981）。

43. P. J. Marshall、Glyndwr Williams 著，大久保桂子译，《野蛮の博物誌——十八世纪イギリスが见た世界》(东京：平凡社，1989）。译注：原书为 P. J. Marshall and Glyndwr

Williams, *The Great Map of Mankind: British Perceptions of the World in the Age of Enlightenment* (London: J. M. Dent & Sons, 1982).

44. 译注：种村季弘，《アナクロニズム》(东京：青土社，1973)。

45. 陈舜臣的短篇小说《求神宽恕》(《神に許しを》) 起初刊登在 1969 年发行的《别册文艺春秋》，之后收入 1988 年讲谈社出版的《陈舜臣全集》第二十二卷。

46. 译注：《プサルマナザールの台湾紹介》是《台湾文化志》下卷第十三篇《外力の進漸》的第一章。

47. 译注：百人一首原指日本镰仓时代藤原定家 (1162—1241) 编辑的和歌集《小仓百人一首》。藤原定家挑选一百位各时代重要歌人的各一首作品，汇编成集。后世模仿《小仓百人一首》集一百位歌人作品编成的和歌集，亦称作"百人一首"。

48. 译注：《荡子筌柷解》为洒落本，茶釜散人所著，门人药罐子辑，陶铁房作序。

49. 译注：唐人歌，是日本江户至明治时代的流行歌谣，歌词仿汉语读音作成，而歌词本身大多不具意思。这首收于《松之叶》的《唐人歌》，是其中颇为知名的一首。

50. 译注：洒落本是江户中后期以花街柳巷为题材的花柳小说。

51. 译注：《圣游廓》在日本文学史上被视为洒落本之祖，其作者不详。

52. 译注："ゴウサイ"的"ゴウ"读作"gou"，近似数字"五"的汉语读音。"ロマデエ"的"ロ"读作"ro"，近似数字"六"的汉语读音。"パマ"的"パ"读作"pa"，近似数字

"八"的汉语读音。"トウライ"的"トウ"读作"tou"，近似数字"十"的日语训读音"to"。

53. 译注：吉原位于现在的东京都台东区，在江户时代是日本规模最大也最著名的风化区。

54. 译注：汉语"いんけれす"（读作"i-n-ke-re-su"）和"らいすいどん"（读作"ra-i-su-i-do-n"）意思不明。这两个汉语词应该不是胡乱编造、无凭无据的词汇，只是当时未能发现它们的原语。日语"ばからしう有んす"，即"ばからしいです"，"愚蠢"、"不值得"之意。日语"をいらん"，即"おいらん"，"名妓"之意。

55. 译注：黄表纸是江户中后期讽刺滑稽的插图小说。

56. 译注：カ行，指日语五十音图中的第二行。か行中所有的假名发音均以子音"k"为首，包括カ（ka）、キ（ki）、ク（ku）、ケ（ke）、コ（ko）五个假名。

57. 译注：有底线的字即为多加的叠韵字。原文并无底线，此处为方便读者辨认而加以标示。

58. 译注："ブキキヨコオコナカテケダカ"，去掉多加的叠韵字（以底线标示者），为"ブキヨオナテダ"，即"不器用な手だ"（笔法拙劣）之意。

59. 译注："イキキキナカオコトコココダカネケ"去掉多加的叠韵字（以底线标示者），为"イキナオトコダネ"，即"粋な男だね"（是位潇洒男子）之意。

60. 译注：假外国语（ハナモゲラ语），是日本 1970 年代到 1980 年代流行的架空语。这种语言听起来像某外国语，实际上是不存在且不具意思的虚构语言。日本艺人塔摩利擅长表演假外国语而声名大噪。

61. 译注：塔摩利（タモリ），本名森田一义（1945—），是日本著名的搞笑艺人、节目主持人。他在亚洲的华人圈中也有知名度。

62. 译注：落语是日本传统表演艺术之一，由一位表演者坐在舞台上讲滑稽故事逗人发笑，类似中国的单口相声。

63. 译注：めけせけ，读作"me-ke-se-ke"，本身不具意思。

64. 译注：巴别塔（Tower of Babel），典出《圣经·创世记》。据其记载，当时人类联合起来，想建造通往天堂的高塔。上帝为了阻止人类建造巴别塔，让人类有不同的语言，相互之间无法沟通而产生许多隔阂。最后巴别塔没有建成，成了废墟。人类各民族间语言不同，正是受上帝诅咒惩罚的结果。

65. 译注：《转失气》(《てんしき》)是日本落语的杰作之一。故事讲述：有个喜欢不懂装懂的和尚，某天突然肚子痛，请医生来诊治。医生问有没有"转失气"，和尚不知道"转失气"是什么，却装作很懂似的回答。医生走后，他叫小和尚到外面去问"转失气"的意思，但别人也不懂装懂，所以小和尚始终没能问出个结果。最后小和尚问了医生，得知"转失气"指"屁"，并发现大家都是不懂装懂。小和尚回到寺里，故意骗和尚说"转失气"就是酒杯的意思。后来医生又来看诊，和尚想请医生欣赏寺里的珍贵酒杯，叫小和尚拿"转失气"过来。见此，医生说："转失气在我们医学上是屁的意思，怎么在贵寺是酒杯的意思呢？"这时，他才发现上了小和尚的当。

66. 译注：这些词汇皆是不具意义的假外国语词汇。

67. 译注：伊势（877—938），平安时代的女性歌人，三十六歌仙之一。以情诗闻名，作品约一百八十首，收录于《古今和歌集》。

68. 译注：ドド子ウス，即"独独涅乌斯"，比利时博物学者，1554 年出版《草木志》(*Cruydt-Boeck*)。此书在 1659 年由荷兰商馆馆长献给四代将军德川家纲（1641—1680，在位 1651—1680）。

69. 江户时代（前近代）是"雕版（木版）印刷"的时代，明治时代（近代）是"活字印刷"的时代。到了明治以后，日本人抱持"前近代一切事物都不好，只有近代事物才好！"的看法，全面推行近代"活字印刷"的新技术，扬弃"雕版印刷"的旧技术。"雕版印刷"的"图文一体、自由表现图像和文字"功能无法展现，结果产生了原本应是图文一体的插图小说，却只以文字印刷出版的愚蠢行为。

70. 高野文子，《绝对安全剃刀》(东京：白泉社，1982)。

71. 译注：中国人名"丁固"，日语读为"ていこ"(读作"te-i-ko"），和"てれめんていこ"最后三字相同。"てれめんていこ"在此系仿自"丁固"。关于奇妙词汇"铁漫口"(テレメンテイコ)，据《和汉三才图会》卷九十二所记，生于鞑靼之地的药草"苦白蹄"(エブリコ)的别名就叫作"铁漫口"(テレメンテイコ)。参见中野美代子，《あたまの漂流 17 テレメンテイコの旅》，收入《一冊の本》(2002 年 2 月，朝日新闻社)。

72. 译注：看看踊，为日本人根据中国传入的《九连环》曲改编的载歌载舞表演形式。发源自长崎，十九世纪前期在江户、大坂大为流行。又名唐人踊。

73. 译注：法界节，明治中叶的流行歌，从幕末流行的中国《九连环》曲演变而来。

74. 译注：唐人梦话原文为："とう人け、こひするか、びりび
っくりびんたらり。もっちゃ、びびんたらり、びんたらり、
しゃう大じ、かき一たま、ちくねんほ、ねこにゃん、や、
フウ、ゴウゴウゴウゴウゴウ、フウ。"此梦话大致无意思，
中译并用音译和意译。另外，日文有"唐人の寝言"（唐人梦
话）一语，意为"让人听不懂的话"。

75. 译注："汉学"、"汉文"和"汉字"，在日本民众看来，具有
"爱说教"、"好讲道理"、"难以理解"、"脱离现实"等形象。
教授"汉学"或"汉文"的老师，一般也被视为顽固不通的
"儒者"、"道学先生"。

IV 桃源乡的机械学

一、近代中国的电和以太
—— 来自脑内的桃源乡

清朝末年，日后成为北京大学校长的蔡元培（1868—1940），在其《夫妇公约》（1900）里，把男女的情欲比喻成电：

> 体交之事，限于男与女者何也？曰男子之欲，阳电也；女子之欲，阴电也。电理同则相驱，异则相吸。其相驱也，妨于其体也大矣；其相吸也，益于其体也厚矣。相吸之益，极之生子，而关乎保家，且与保国保种之事相关矣。

这样的比喻，在当时流行而具启蒙意义的现代版房中术小册子里也能见到。下面的段落引自《男女卫生交欢论》（1901）一书：

> 男有阳电，女有阴电。阴阳二电，互相补益。故适正之交媾，务令电气毋致空散。……交媾之时，女子不生淫情，则男子不受阴电，徒放散阳电，故心身疲劳，其害与手淫等。女子亦受害，不异男子，酿成种种子宫病，而消减夫妇之爱情。

图八三:《男女秘密种子奇方》。

图八四:《男女房中秘密医术》。

把蔡元培先生的文章拿来与房中术书相提并论,实在有失礼数。然而近代中国常常可见到借电托寓的表现手法。《男女卫生交欢论》是一位叫忧亚子的中国人把美国法乌罗的著作译成中文,再由上海的王立增修而成。这本书曾以数种不同的书名出版,如《男女情合欢新论》、《绘图房中术》、《男女交合秘要新论》、《男女秘密种子奇方》、《生育指南房中术》等。这里提到的阴阳电气说,应是就外国的传闻,按中国传统房中术书里的阴阳说来作的解释,和现在物理学所说的阴电子、阳电子不相关。

1897 年刊行、关于新学的小型百科全书《时务通考》,以较多篇幅介绍"电学",并强调"电学"已成为科学中最重要的学科。电之学,确实是独占新科学鳌头的学问。实际生活上用到这学问的,是电报和电话。英国传教士艾约瑟(Joseph Edkins, 1823—1905)的《中国电线考》(1880)提出以下的观察:

当斯时也,多人以中华语言借得律风传问,口声之传入耳者,较他国倍清亮,亦以中国吐辞声气尖硬于他国,故用得律风,尤便于今中国士子。

艾约瑟这个奇特的看法，可说是引进新式传播媒介"电话"的中国社会，摸索科学的声音。电之学，在当时借翻译和创作科幻小说的方式，挑起人的好奇心。清末的科幻小说里，许多幻想的科学技术，常会冠上一个"电"字。当时太过兴奋而显得有点操之过急的科幻作家里面，还有人举美国科学家尼古拉·特斯拉（Nikola Tesla, 1856—1943）用电波传递能量的研究为例，感叹电在实际应用上仍处于初步阶段。

掌管未来所有科学技术的电，就像是肩负起人类未来命运的伟大英雄一样。蔡元培的乌托邦小说《新年梦》（1904）说，未来会用电处决罪犯；编出宏大未来史的康有为在《大同书》（1935）里也提到了电。在《大同书》的周详计划中，有一段提倡用电处理尸体的方法："千数百年行大同之时，机器日精，电化更奇，必有电化新机器，鼓动风转，顷刻足以化形骸骨肉于无有者。"

对于和前述性质稍异的电，人类的惊讶与兴奋，都表现在生物和电的关系上。这就是路易奇·伽伐尼（Luigi Galvani, 1737—1798）所提出，包含人类在内，所有生物体内都藏有电的"动物电"学说。当时的随笔，在介绍西方传来的各种新科技的同时，也表示对"电鱼"（即电鳗）这类奇特生物的关心。这流露出人对电和机械，以及对电和生命，难以遮掩的兴奋神情。这个"动物电"学说，还被比拟到和精神事物的关系上。

如同前面逐一介绍的，人类先从电展现在电报和电话上的神奇效力讲起，然后延伸出去，把电假想成运转未来世界的机械装置所需强劲且全新的动力，同时介绍生物体内所生出的"动物电"。

不难想象，这样的电比现在我们所认为的还要好、还要完美，可说是"美好事物"的象征。接下来来看这些"良电"在运用上的例子：

　　……他这思想，譬如一件东西，含有电质在内，浑浑融融，初无表见，碰着了引电之物，将那电气一触，不由的便有电光闪出，可以烧着了衣服，毁穿了房子，其势猛不可遏，猝不及防，电气含得愈多，发作得愈烈愈大。

　　上文出自小说《黄绣球》（1905），旨在描写女主角燃起改造世界之理想的瞬间。这样的文字表现，除了把女主角受到的冲击比喻成电，更把这冲击看作"良好的冲击"。《普及革命》（1907）[1]一文，把形成宇宙万物并使其运行者，定义成"吸力"和"电气"，而这两者相乘相因所生之物，可总称为"爱"。作者虽对这个"爱"作出更详细的定义，但是吸力、电气之类的物理学术语，常常就像这样直接用来说明生物、人类以及心理方面的问题。

图八五：摩登女孩正在操作电力机械"收音机"。出自镜浦散史编《支那春怨百秘图》（金铃社，1928）。

　　年轻的思索者谭嗣同（1865—1898），便是直接把清末当时的化学用语"爱力（＝化合力、亲和力、affinity）"，当作人类的问题"爱"来使用。实际上，在当时接触到最新科学的人的著作里，使用这些科学术语绝不只是语言游戏。掌管人类思考活动的未知物，正是当时新科学所欲解明的"电"和"以太"[2]；在此背景下，人们便使用这类科学术语来解释人类的问题。

　　拥有能获得最新科学技术和

知识的优良环境，是谭嗣同"爱之科学"得以形成的因素之一。1886 年 2 月某一天，他在传教士傅兰雅（John Fryer, 1839—1928）所创办、中国最早的理科学校——格致书院内，参观里面展示的各种有趣物品。此外，傅兰

图八六：报导来到苏州的西洋医生以 X 光照相术诊察病情一事。出自《点石斋画报》。

雅用中文翻译了许多科学启蒙书，是将西方科学介绍到中国来的人物之一。在那些展示的物品中，让谭嗣同感到好奇的，有罕见标本、新的科学机械，还有化石、计算器、X 光照片……

1895 年伦琴（Wilhelm Conrad Röntgen, 1845—1923）发现的 X 射线，三年后在科学启蒙书《光学揭要》中，以"然根光"之名被介绍给中国人。当时的《点石斋画报》，用插图来报导苏州的西洋医生以 X 光照片诊察病情的事件。傅兰雅本人在 1899 年将美国医生莫耳登（William James Morton, 1845—1920）的《X 射线，或不可见光的摄影术及其在外科学的价值》（*The X-ray or Photography of the Invisible and Its Value in Surgery*）译成中文，定名为《通物电光》。在见到这个如魔法般的 X 光照相术而惊叹不已的谭嗣同面前，傅兰雅这么说道：

此尚不奇，更有新法，能测知人脑气筋，绘其人此时心中

所思为何事，由是即可测知其所梦为何梦，由是即可以器造梦，即照器而梦焉。……格致而有止境，即格致可废也。今虽萃五大洲人研格致，不过百千万茧丝，仅引其端焉。久之又久，新而益新，更百年不知若何神妙？况累千年、万年、十万、百万、千万、万万年，殆于不可思议。大约人身必能变化，星月必可通往。惜乎生早，不得见焉！

（谭嗣同，《上欧阳中鹄书》，1896 年）

当时谭嗣同三十出头。我认为他是幸福的。现代中国的研究者当中，说傅兰雅是"伪科学"的宣传者，说傅兰雅的存在对谭嗣同和中国而言是种不幸，像这样攻讦傅兰雅的人不在少数。但是，史家如果连一位年轻人的兴奋之情都不看，那到底要看什么呢？

谭嗣同构想的"以太"，是建造爱的理想国的材料之一。那么，他所说的"以太"，究竟是什么呢？其阐述爱之科学的著作《仁学》和《以太说》提到，"以太"是一种充斥宇宙、不可测量的物质，能连接、贯通所有物质，让其结合不散，而且虽不能被感官察知，却是感官能感应的主因。孔子所谓"仁"、"元"、"性"，墨子所谓"兼爱"，佛教所谓"性海"、"慈悲"，耶教所谓"灵魂"、"爱人如己"、"视敌如友"，物理学家所谓"爱力"、"吸力"，还有"电"，这些都是"以太"的作用。《仁学》说道：

以太之用之至灵而可征者，于人身为脑。……于虚空则为电，而电不止寄于虚空。盖无物不弥纶贯彻。脑其一端，电之有形质者也。脑为有形质之电，是电必为无形质之脑。

从近代唯灵论[3]，即法兰兹·安东·麦斯麦尔（Franz Anton

Mesmer, 1734?—1815）的动物磁气，到十九、二十世纪之交，惊动物理学界的发现放射线，都是人对"看不见的能量"所进行的检验。谭嗣同的以太观，可以说是欲检验出"看不见的能量"的强烈情感，在欧亚大陆东端所绽放的一束花朵。虽然欠缺可靠资料来证明唯灵论的直接影响，但是像名为"电气感觉术"的传心术等等，各式各样的心灵现象，或是科学上用来说明各种心灵现象的电和以太，在中国也被人介绍了。《点石斋画报》还报导了电报局成立后，民间开始谣传局内所用的电，是由死者灵魂炼成的事件。总而言之，透过傅兰雅而取得的欧美当代科学技术知识，不太可能不提到唯灵论。

谭嗣同对精神感应的关注，源自他的"爱（＝仁）"，以"通"为第一义的说法[4]。以太、电、脑，正是他所寻求的"爱"的几种不同形态。在这个时期，有人提出新文字、新语言的构想。包括语言文字相通在内，希望人我互通的想法，是当时语言设计者心中所想像的理想国的实际构成要素。在谭嗣同看来，为了让清末人共同幻想的新桃源乡运作转动，必须动用将众人脑内连通起来的"看不见的能量"，即是空间的传播媒质"以太"。

作为人脑间桥梁的精神物质，世间一般都把它当成

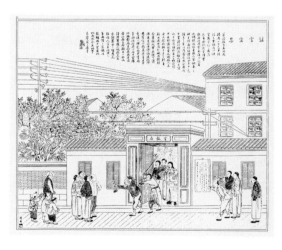

图八七：有个冒失鬼听到谣传，说电报局专从刚过世者的新鲜灵魂里炼取电，带着死去父亲的牌位到电报局，想卖掉牌位赚点小钱。这乃是近代唯灵论所引发的骚动。

催眠术的原理。例如小说世界里，译自外国的《电术奇谈》（1903）、《电冠》（1907）和本国人自行创作的《新法螺先生谭》（1905）等科学小说，都是以催眠术及其原理的动物电作为题材。这甚至反映了过去确实出现过催眠术的热潮。

带动这热潮的人，是清末革命派志士陶成章（1878—1912）。他在日本发现一本名为《催眠术自在》的书，而对催眠术产生兴趣。随后他开始收集相关书籍，并拜访该领域的专家，持续研究。他在日本看到的书，也许是竹内楠山的《学理应用·催眠术自在》（1903）。这是日本明治三〇年代的催眠术热潮中，众人所读的书籍之一。当时催眠术在日本的盛况，可参见一柳广孝（1959—）的《"桌仙"和"千里眼"——近代日本和心灵学》[5]。陶成章回国后写了《催眠术讲义》（1905），并举办催眠术的讲习会，在中国掀起催眠术的热潮。但是他的催眠术似乎起不了什么效果。据说陶成章在一筹莫展之际，曾偷偷要求专攻医学的留日同伴鲁迅，提供使人昏睡过去的药给他。

对于中华民国成立后的心灵科学，在此无法详细说明。这里稍微提一下将进化论介绍到中国来的严复（1854—1921）。严复曾在清末将赫胥黎（Thomas Henry Huxley, 1825—1895）的《进化和伦理》（*Evolution and Ethics*）译成《天演论》出版。这位西方思想的介绍者，在晚年致力宣传通灵术，曾受《天演论》影响而怀有新思潮的知识分子，因此于杂志《新青年》上撰文抨击他。严复从提倡进化论，转往支持心灵科学的历程，和英国生物学家华莱士[6]的情形十分相似。这位中国知识分子走过的路，值得我们注意。

中国的近代史，始于因鸦片这个药物而起的战争（1840）。从乡下来到上海的少年，迷上了鸦片，最后沦落到当人力车夫。和少年一同来到上海的姊妹，走投无路之下只有去当妓女。这是清末通俗小说固定的情节模式。而且还会出现"民族英雄",把那些借吸食鸦片而在脑内寻求另一个世界的人给叫回来,并找寻没有鸦片也能无限美好的理想世界的通行证。这些民族英雄所构想的通行证,是能在全体民众的脑内搭起连通桥梁,且在拯救民族时派上用场的媒质或精神物质,也就是电气和以太。如同过去中国人曾在洞窟内窥视桃源乡,近代的中国人则在脑内这种洞窟里,观看科学上的理想世界。

回想起来,中国自古就有像公元四世纪《抱朴子》所汇整的仙药研发,即"炼丹术"的历史。以长生不死或修炼成仙为目的的炼丹术,随时代演进,在现代人眼中的确更增添了真实性。然而明代记载矿物类、植物类和包含人类在内的动物类等药物用法的《本草纲目》,竟将人类魂魄当成药用"物质",以此证明"炼丹术永恒不灭",并提供潜入药物乌托邦的秘方,真可说是一部神秘学方面的书籍。无法从此种传统炼丹术谱系里脱身的近代术士,他们自始至终寻找的,其实是适合中国的仙药,以及科学上的药物乌托邦。近代中国的电和以太,或许就是那仙药和药物乌托邦的别名。

二、中式行星图录之旅

对外星生命的幻想

在大清帝国剩下最后五十年寿命之际,国内最多人阅读的天文学书籍,是《谈天》这本译著。《谈天》在 1859 年出版。原著是英国天文学家约翰·赫歇尔(Sir John Frederick William Herschel, 1792—1871)的《天文学纲要》(*Outlines of Astronomy*, 1849)。原作者约翰·赫歇尔,是那位有名的天王星发现者暨恒星天文学创始者威廉·赫歇尔(Sir Frederick William Herschel, 1738—1822)的儿子。《天文学纲要》的中译,由英国传教士伟烈亚力(Alexander Wylie,

1815—1887）和当时著名的数学家李善兰（1811—1882）合力完成。《谭天》用牛顿（Sir Isaac Newton, 1643—1727）和克卜勒的物理学，说明天体的运动，是中国最早介绍西方近代天文学的书籍。尤其在1874年，由江南制造局改版刊行后，此书对世人的影响力也就更大了。

在《谭天》卷九《诸行星》，即论述行星的单元中，有这样一段文字：

> 诸行星上设有动植诸物，其性与质，必较地面诸物大不同。盖诸行星异于地球者三。受日之光热，多少不同，一也。摄力大小不同，二也。体质疏密不同，三也。受日光热，水星多于地约七倍，地多于海王约九百倍，其二界之比，若五十六与一之比。试思我地面之光热若多七倍，何以堪之？若少九百倍，又何以堪之？……此三者，既如是不同，则动植诸物若性质无异地面，必不能生活也。

关于外星生命存在的可能，《谭天》这种程度的记载，肯定无法满足我们现代人想解开宇宙之谜的愿望。但是对清朝末年的中国人而言，这本书所记的内容，可说具有某些强烈的涵义。因为当时许多意见领袖，都在热烈谈论《谭天》里出现的外星生命。

外星生命存在的可能，跟"地球是否为独一无二之神的创造物"这个重要问题有关，故而和其前提，即宇宙构造的争议，同为基督教团体长年激烈争论的对象。然而近代天文学普及后，基督教也开始积极向外表示，星体上的智慧生命，亦是神无私的赏赐。《谭天》里伟烈亚力的序文，就是以这样的意图写成的。

这里谈一下原作者的父亲威廉·赫歇尔。这位近代天文学的

巨人有一篇论文《论太阳及恒星的性质与构造》(On the Nature and
Construction of the Sun and Fixed Stars, 1795)。这篇论文提出的结论
如下：

> 太阳在其坚固性、大气层、多变表面上，与太阳系其他星
> 体之类似性，以及其绕轴自转、重物落下之特性，会让我们作
> 出如此推想：太阳上很可能居住着拥有能适应此巨大星体独特
> 环境之器官的生物。无论爱幻想的诗人以太阳为圣灵之居所而
> 提出何种说法，或是愤怒的伦理学者以太阳为惩罚恶徒之合适
> 地点而发表何种看法，他们除了皮毛见解和含糊臆测以外，始
> 终拿不出其他能支持其主张的根据来。但是，现在我自己根据
> 天文学原理，认定太阳为可居住世界之见解是正确合理的；而
> 且我也相信我未得出结论前所作的观测，足以充分答复所有反
> 对意见。

威廉·赫歇尔认为，太阳上也有山和谷，地表则由植物所覆盖。
不仅如此，具有智力的太阳人住在上面的可能性也很大。他们体内
应该有适合这巨大星体特殊环境的器官。

天文学巨人所留下的，这个惊人的"太阳冷体说"，一定会让
人想起 1600 年受异端审判，而被火活活烧死的乔尔丹诺·布鲁诺
（Giordano Bruno, 1548—1600），在其著作《论无限性、宇宙和诸世
界》(*De la Causa, Principio et Uno*) 的第三篇对话里，就"住在太阳
上的生物"所作的讨论吧！

火星大接近

光绪二十年（1894），是火星与地球大接近的一年。待在日本

十年，建构独特日本人论的天文学家帕西瓦尔·罗威尔（Percival Lowell, 1855—1916），回国后完成了《火星》（*Mars*, 1895）一书。这本极有名的著作，根据火星大接近时的观测结果而写成。他在书中暗示火星上可能存在智慧生命体，以及火星上有运河。清朝末年，这位罗威尔与在米兰（Milano）天文台工作的火星地貌命名者暨火星运河发现者斯基亚帕雷利（Giovanni Virginio Schiaparelli, 1835—1910）关于火星上有智慧生命的论述，也被介绍到中国来。下面举出的，为 1907 年发行的杂志《政艺通报》上的报导：

地球与火星通信

数年以前，世间传说，火星中之人类曾向地球通信。现又传言，著名发明无线电报之马尔哥尼氏，目下正在研究回答此通信之方法。有人曾向马尔哥尼询问此事，马尔哥尼答曰："余不知此事。余无暇用脑力于如是空想之事。余之实际事业向不许徒耗意想，是以决不空费时日研究及此。"

关于清朝末年，中国人以宽大包容的态度来看待外星生命的存在，还有十九世纪末，地球上的人共同怀抱飞往其他行星的炽热梦想等等，我在很多地方都已写过了，详情请参考拙著《飞翔吧！大清帝国》[7]。接下来要介绍的是，从当时这种想探索宇宙的愿望所生出的、古怪的中式宇宙图录。

神童编著的银河系图录

这本古怪至极的图录是民国五年（1916）刊行的《大千图说》[8]。作者是年仅十岁的"神童"江希张（1907—2004）。书中介绍江希张三四岁便能写文章，五六岁已能注释经书，可谓天赋异禀的神童。

这位小男孩不费思索，挥笔即成千字文章，并可将所写之文译成外国文字。此外，医卜之类的微末技艺，不用学即能精通，还会注解道教、佛教、基督教、伊斯兰教等各教经典，对最新的科学书籍亦可解其大意。当时康有

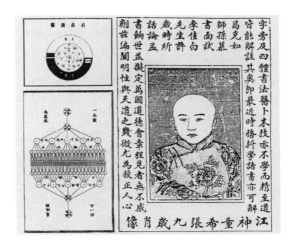

图八八：（左上）"宇宙如西瓜然。"《大千图说》的"三界"宇宙构造。（左下）万物生成的图解。（右）神童江希张出场。

为等著名学者，都称赞他为"奇才"[9]。

《大千图说》里的宇宙，系以中国传统世界观为基础。书中将宇宙分成"上界"、"中界"、"下界"三大世界，分别详细说明。江希张说："三界总形，如西瓜然。其中之子，则中界各星球也。其中之穰，则中界各星球之空气与轨道也。其瓜面之外皮在上端者，则上界天堂也。其瓜面之外皮在下端者，则下界地狱也。"请看图八八（左上）。它的构造虽是依据古代将地球为中心的宇宙比喻成鸡蛋的浑天说，却脱离了地球中心说的思想。

"上界"，即中国传统的天界，也就是神仙的居所。据插图所见，上界当中并列许多中式邸宅，道教众神在此统治世界。简言之，这儿就是《西游记》里孙悟空大闹的天宫。"下界"，则相当于地狱。作者说，现在有人不相信有天堂和地狱，那是因为眼睛看不到的缘故。天堂和地狱，跟眼睛看不到但确有其物的无线电一样，是确实存在的。就像用望远镜能观测天文、用显微镜能观察物质的例子所

图八九：上界之一的"极乐天"。此处有许多传统中式邸宅，为中国神仙居住的天界。

示，观测器具的进步，能够让人类研究肉眼所看不到的东西。日后当他们看见天堂和地狱时，一定会赞叹佩服。

现代人所说的"宇宙"，在书中相当于"中界"。跟上界、下界同为传统的死后世界相比，中界的说明，实采纳了当时近代天文学的概念。

在中界部分，星星的图录引起我的注意。最先见到的是"紫微系诸星大小地质卫星山水一览表"。所谓的紫微系，系指北极星周边的北天诸星。此表是记载紫微系诸星的大小、地质、有无卫星及卫星数量、地质状态、有无山川的目录。例如贪狼星，其说明为："直径二万七千八百九十里。地质似水晶，呈水二、火二、熔岩二的比例。无卫星，有山河。"

北斗七星的地理环境实在超出我们的认知范围，就先在这里打住，来看另一章对"太阳星系"的说明。该章先综论太阳系，然后从水星开始，分别就各行星详细说明。这里引用了关于火星的段落：

　　火星距地最近，直径一万四千七百六十里，距日四十一千七百万里。绕日一周，约二十三月为一年。自转一周，二十四小时半为一日。其中陆多而水少。其中有红洲绿海，亦有人物。已到巳末。食惟兽与树叶草秸，不以米为饭，以草种为之。身高一丈。其语言如虎。文字如此。

天	地	日	星	山	水	东	西

其中第一大河曰 ，次曰 。第一大山曰 ，次曰 。其上之人，视日如茶杯。甚寒。分二海，曰南海，曰北海。又有三界，曰 界，曰 界，曰 界。人面如雪。其上四层各异。亦无卫星。

在这样的说明文后，还附上了火星的地图、剖面图，以及火星人的肖像！

中式宇宙人图像学

根据《大千图说》，太阳系里有人类居住的行星是水星、金星、地球、火星、木星、土星。这六个星球上的人类，只有木星人和土星人没有文字。水星人生得矮小，力气却很大。他们住在洞窟，以草芽和小兽为食，人口有二十兆。不过作者说，水星人现已走向衰亡，四万年后就会完全灭亡了。金星人有翅膀，能飞行空中。他们入水不会死亡，入火不会燃烧，身轻如纸。其文字刻于金刚石版，永不会毁坏消失。其人伦发达，父子夫妇有别。此外，还精通移魂换魄的法术。木星人野蛮无文字，吃生肉，以草为衣。土星人拥有如神般的智慧，以果为食，住在洞窟中。

介绍完太阳系行星，紧接着出现的是"北极星系"和"南极星系"的群星，即太阳系以外遥远银河群星的图录。"北极星系"部分，

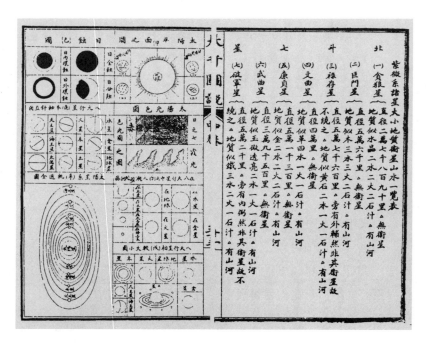

图九十：左为太阳系的基本图解。右为北斗七星的基本资料。

"太尊星"人有翅膀和像猴子的尾巴，脸孔似人类，两肩各生一角。"三师星"人是巨人，胸部有洞能穿绳，一出生就有胡子，到老才会掉落。"摇光星"人一手一眼，有尾有角，全身长毛以护体，鼻端有尖锐突起物以卫身。

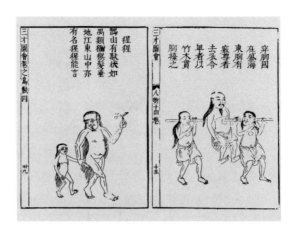

图九一：左为猩猩父子。右为穿胸国的人。均出自《三才图会》。

　　"南极星系"部分，"天箫星"人一角一尾，一手一眼，六耳二翼。"天竿星"人红脸绿眼，背部有硬甲，头上有一角，力能移山，尚无文字，人口计有五千八百余人……这些星球人的文字，也是比照太阳系的模式，举出几个例子作说明。

　　看到这些宇宙人图鉴，应该会立刻联想起近世画师依据古代中国地理书《山海经》画成的插图，或明代《三才图会》的插图。《三才图会》收有当时中国人已知的人类图鉴，但这图鉴和《大千图说》的宇宙人图鉴，在作画者和观看者看来，应不致有太大不同。《大千图说》原本就有模仿《三才图会》人类图录之处。例如胸部穿洞的"三师星"人（图九五），其胸中穿洞这点，想必模仿自《山海经》的"贯胸国人"或《三才图会》的"穿胸国"。再者，图中父子牵着手走路的模样，亦可知受到《山海经》或《三才图会》的"猩猩"图之影响。中国博物图谱的人类暨生物图录传统，到最后还像这样发展出外星生物的图录。

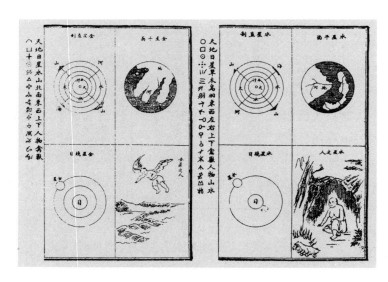

图九二：左为金星、金星人、金星文字。金星人宛如仙人，又精通法术，能移魂换魄。右为水星、水星人、水星文字。水星人语言文字极为简单。四万年后始面临灭亡之命运。

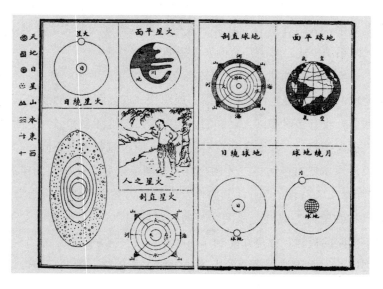

图九三：左为火星、火星人、火星文字。右为地球及其剖面图。月亮与地球，地球与太阳。

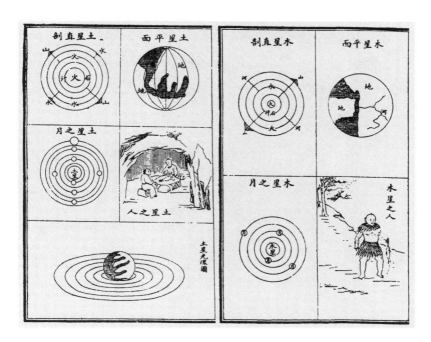

图九四：左为土星与土星人。土星人拥有神一般的智慧，以果为食，以洞为室。右为木星与木星人。地广人稀。木星人蠢如兽，无文字。

宇宙语的目录

　　《大千图说》里最具中式风格的，莫过于宇宙人的文字目录了。神童所幻想的宇宙人文字，虽不知其音读为何，但从它一个字对应一个概念的特征研判，可知它是汉字的私生子。提到中国人编成的异文字目录，尤其从乾隆帝时代开始，由于版图内民族政策之所需，以及皇帝本身爱卖弄学问，多种语言对照的辞典，如《五体清文鉴》、《西域同文志》，就编出来了。与此同时，也有人提出几种用来标记汉字音读的表音文字。清末诸般改革当中，出现了废除汉字乃至废除汉语的汉字改革运动，也刊行了许多新文字（非汉字文字）的

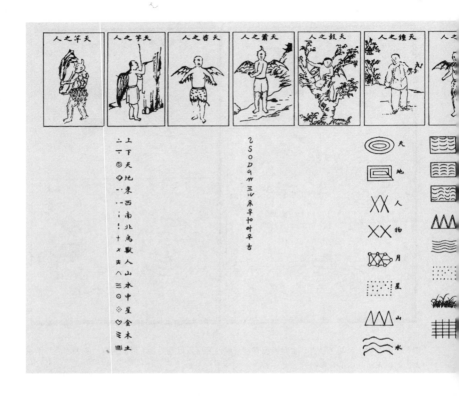

图九五：由左至右：

天竿星人：于此生存之历史尚短。个性凶暴。背上长有硬甲。

天竽星人：快活的极乐世界。语言似鸟语。地震一起，即飞旋于空中。

天苔星人：个头矮小，挑不动柴火。正濒临灭绝危机。

天箫星人：有君王和人民，有富者和贫者。无疾病和商业。

天鼓星人：什么都吃，寿命极长。无文化和文字。

天钟星人：宛如置身乐园。文化发达。有敬老习俗。

天笛星人：面相恐怖，身形巨大。个性温和，力气大。

天虹星人：气候温暖，三种不同人种生存于此。

内阶星人：敏捷如猴。商业发达。

天舍星人：因火山爆发，地上人迹灭绝。月上有人生存。

摇光星人：单手独眼，全身有毛以护体。只会走直线。

天床星人：弯着左脚站立，掊着耳朵走路。不会发怒，也不会笑。

三师星人：胸有小洞。出生即有胡须，至老始脱落。

太尊星人：四周山河环绕。力气大，身手灵活矫捷。能语言，有文字。

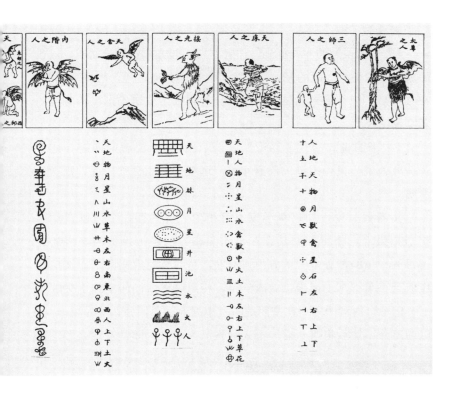

小册子。这类动向，不久到了民国时，催生出标记汉字读音的"注
音字母"。《大千图说》的宇宙人文字，也可说是从此思潮中诞生、
外形有点奇特的孩子。

　　这么说来，前面那位称赞作者聪慧过人的学者康有为，也是
很早就提出新文字构想的人物。他还在天文学的启蒙书《诸天讲》
（1930）中，介绍西方的宇宙论，并随处暗示他从清末开始怀抱的
"可能有外星生命存在"的想法。例如在"连星"的说明处，他认为
像地球这样小的星球，就有这么多国家和宗教，那么巨大行星上的
人物、国家和政治风俗，会有怎样复杂的变化，恐怕更难以想像[10]。

218

灵魂的宇宙

《大千图说》的序文提到，作者有感于西方偏重科学文明，以致酿成第一次世界大战的悲剧，想为世人阐述共通之爱，故撰写本书。在其背后，应有清末已传入中国，且和古来中式奇幻世界相融合的新唯灵论。

《大千图说》的"下界论"，开头便讨论了灵魂的问题。江希张在此处说，灵魂不过二尺五寸长，远观如一团黑气，近看则微具形质。

接着他又说，如果科学家不愿相信灵魂的存在，请以科学照相法拍摄之，将可证明其存在。这照相方法是很可怕的。将超过一百五十年的檀香木沉入海内或河底，待月食时取出曝干，按法制作成一小车。车上用黑铅做成一竿，将绿缎做成的旗子挂上去。竿上有钢球，内置阴电。在密闭的暗室中摆入小车，并在地面挖一洞，以通室外。然后将旗一摇，不久听到风声传来，即是灵魂来了。此时赶快塞住地上的洞，用照相法拍下灵魂。拍好后让洞保持畅通，再用火一照，灵魂就会离去。切记不可跟灵魂讲话，否则恐受其气而致病。这辆车叫作"鬼车"，《大千图说》收有鬼车的图。各位如果拿到制作鬼车的材料，请务必试作看看。

图九六：鬼车图。

清末的科幻小说

提到科幻小说，对大多读欧美科幻小说长大的我们来说，

"中国的科幻小说"，听来总觉得是格格不入的奇妙玩意。"这种小说原本就有吗？"说不定我们还会这么问呢！"文革"后的中国，逐渐出现所谓科幻小说的作品，我受到不少冲击。那些作品虽然称不上有趣，不过不仅在数量上持续增加，还有类似二战期间日本军事科学小说的作品，发表在中国的代表性杂志《人民文学》上，甚至荣获优秀作品奖，这实在让我想不透。查了一下资料，"文革"以前的中国，受苏联影响，亦有科幻小说的创作。再往前追溯，清朝末年除了有翻译的科幻小说，还有中国人自己创作的科幻小说。

中国的科幻小说往往被当成非主流的边缘文学作品。但我认为，科幻小说是清末这个时代文学史的核心主题，且为了带给读者阅读的快感，新奇的故事情节遂作为其必备题材。而且清末的科幻小说还是很有趣的。

《月球殖民地小说》（1904），是讲述留学月球的少年，和乘空中军舰周游世界以寻找少年的一行人，还有见到月球先进科学技术而大为震惊的日本科学家的冒险故事。《女娲石》（1904），是女豪杰用科学技术建造理想国的故事，可谓女性版的科学《水浒传》。《新法螺先生谭》（1905），讲灵魂曾离开躯体、漫游太阳系各行星和地底世界的法螺先生，结合"动物磁气说"和自己灵魂出窍的体验，而发明了"脑电"（即心灵感应）的故事，是一部超心理学（Parapsychology）小

图九七：《诸天讲》的月面图。

说。《电世界》（1909）这部小说，述说科学家"电学大王"基于"要学电的良好性质"的思想，建造出堪称科学文明顶点的电王国，但他却认为这不足以拯救人类，留下一句"向电学习"的话后，就离开地球，前往寻找拯救人类的方法。

这一连串作品里，有许多脱离地球的主题。这类主题直接受西方科幻小说的影响，是毋庸置疑的，但里面似乎也暗藏了古代中国神话世界对空中飞行的憧憬。中国人一定在发展更古怪的宇宙论。这么说是因为，即使是现代的宇宙开发，也把气功的实验纳入载人太空船计划之中；而"中国未来学会"数年前还提出"在迈入二十一世纪的前夕，也应考虑对不久将正式造访地球的外星智慧生命体施以教育"的意见。

最新宇宙论和葫芦宇宙论

用外行人的眼光来看最新宇宙论的介绍，说不定会联想起中国的葫芦宇宙论而觉得有趣。宇宙借"虫洞"[11]来连接子宇宙和孙宇宙的理论，即是无数另一个世界借由洞窟这样的狭小通路连接在一起的葫芦式构造；而且和只有该洞窟所选出的人才能进出洞内一样，我们也无法自由进入另一个宇宙。宇宙生出子宇宙、子宇宙再生出孙宇宙的看法，让人联想到套合式构造的宇宙，也就是"壶中天"的宇宙构造论。

《楚辞》收录了传达古代宇宙论的诗歌，特别是作品《天问》所传述的宇宙生成过程，和现代宇宙论"从无中诞生的宇宙急遽膨胀，之后引发大爆炸，物质逐渐凝聚形成"的进程，有惊人相似处。换个角度来想，不如说是现代宇宙论让我们能这样读《天问》的吧！汉代以来，历代学者对《天问》作了许多注释。如今我们见到历代的《天问》注，也许觉得这些注释无非是各个时代的宇宙论。汉代的主流宇宙论，反映在汉代学者的注释里；宋代的主流宇宙论，则反映在宋代学者的注释里。现代宇宙论提供了新的观点，让我们能愉快、灵活地读古典作品《天问》。我要向带来此种阅读"幸福"的现代宇宙论，表达诚挚的谢意。不过，没有必要把葫芦宇宙论或现代宇宙论当成神秘兮兮的理论。原因在于，只要我们的存在本身是宇宙蛋碎片的话，那么仔细观察随处可见的寻常之物，就能从中发现宇宙论了。

这次介绍的《大千图说》，代表了中国的某一面，即中国人无意间将外来事物拿来融入自己传统里的特性。这也是葫芦宇宙所具的性质之一。各位如果有中国古代青铜器方面的艺术书籍，请打开来看看，里面说不定有几张画有奇形怪状的怪兽"饕餮"的图片。饕餮是什么都能吃的贪吃怪兽，也可说是中国的"利维坦"[12]。中国人的宇宙论，即是这个葫芦，亦是饕餮所象征的贪欲本身。不管怎么说，没有一个民族像中国人那样，拥有如此旺盛的食欲。中国人的故事，就像黑洞一样，把附近东西都吞进去，借此得以继续发展。因此，即便说猪八戒的胃是中国人的原始宇宙"昆仑"，也不会显得突兀。

三、杞忧的行踪
—— 星体坠落的历史学

《列子·天瑞》有一则十分有名的故事：

杞国有一个人担忧天会崩塌，地会陷落，自己便无处安身，因而茶饭不进，睡眠不安。又有一个人担忧那个人所忧虑的事情，于是前去开导他：

"天只是积聚的气体，没有一处没有积气。你一屈一伸，一呼一吸，整天在天里活动，为什么还怕天会崩塌呢？"

那个人说：

"就算天是积气，但日月星宿不会掉下来吗？"

开导他的人说：

"日月星宿不过是积气当中会发光的，即使掉下来，也不会造成什么伤害。"

那个人又问：

"要是地陷下去怎么办呢？"

开导他的人说：

"地只是堆积的土块，充塞在四方，没有一处没有土块。你蹑步踩踏，整天在地上活动，为什么还怕地会陷落呢？"

那个人听后忧虑全消，非常高兴。开导的人也高兴极了。[13]

这是"杞人忧天"的故事。"杞忧"一词出自这个故事，常用来比喻不必要的忧虑。《列子》在故事后附上了楚国学者长庐子的评论："彩虹、云雾、风雨、四季，这些都是天所形成的积气。山岳、河海、金石、火木，这些都是地所产生的积形。既然知道它们是积聚的气体，是堆积的土块，何以说它们不会崩坏呢？"[14]

接着，又附上列子的话："说天地会崩坏的是荒谬之言，说天地不会崩坏的也是荒谬之言。天地会不会崩坏，不是我能知道的。虽然如此，天地会崩坏是一回事，天地不会崩坏也是一回事；两者都是自然而然，各有所限，不能相知。所以活着时不知道死后的情形，死了不知道生前的情形；未来不知道过去的事情，过去不知道未来的事情。那么天地会不会崩坏，我又为什么要放在心上呢？"[15]

天虽然不会塌下来，不过天的碎片倒是常常落到地上。陨石就是这类碎片。曾经有陨石落在日本民家，所幸没有砸死人。现实生活中，时常发生"杞人之忧"成真的事。在热爱记录历史的中国，也不乏杞忧成真的事件。1490 年 4 月 4 日，甘肃省庆阳县出现陨石雨。当时正逢清明节，陨石往扫墓的人群落去，据《明史》记载："击死人以万数。"1639 年，四川省长寿县有数十名民众被落下的陨石砸死，实有损该县自豪的县名。

坠落在地上的石头，被人称为陨石、陨星或坠石。由于其形似犬，所以也被称为天犬、天狗。《梦溪笔谈》的作者沈括（1031—1095），记录了 1064 年江苏省常州发生的陨石坠落事件：

> 治平元年，常州日昳时，天有大声如雷，乃一大星，几如月，见于东南。少时而又震一声，移着西南。又一震而坠在宜兴县民许氏园中，远近皆见，火光赫然照天，许氏藩篱皆为所焚。是时火息，视地中只有一窍如杯大，极深。下视之，星在其中荧荧然。良久渐暗，尚热不可近。又久之，发其窍，深三尺余，乃得一圆石，犹热，其大如拳，一头微锐，色如铁，重亦如之。州守郑伸得之，送润州金山寺，至今匣藏，游人到则发视。
>
> （卷二十《神奇》）

虽然沈括在文中没有明说，不过当金山寺的和尚向访客展示所保管的陨石时，讲一些特别的由来故事，倒也不难想象。落在日本民家的陨石，不也经历相似的命运，被当成吉祥物，而成了民间信仰的对象吗？

在中国的占星术中扮演重要角色的，是"客星"这种星体。相对于位置几乎不改变的恒星"经星"，和规则运行的行星"纬星"，"客星"是突然出现且不规则运行的星体，亦指新星[16] 或彗星。湖南省长沙的马王堆三号汉墓，出土了一种用来占卜吉凶的帛书，里

图九八：民众仰望流星。出自《点石斋画报》。

头就画着各种形态的彗星图。

现在把时间拉到"文革"中期的 1971 年。当时大学的教师被赶出校园，下放到边境，进行"劳动改造"。这一年，9 月 13 日接近正午时分，蒙古高原康保县[17]的一位大学教师，正和境遇相同的人闲聊。没多久，他走出屋外，忽然见到一条白光贯穿太阳。他不由得大喊："白虹正在贯穿太阳！"他叫了屋内的众人，盯着这奇景望了一会儿。数日后，中国发布了副主席林彪（1907—1971）

因推翻毛泽东的政变计划失败，逃往苏联途中，于蒙古人民共和国境内坠机身亡的消息。这就是所谓的"林彪事件"，至今真相依旧不明。

"白虹贯日"，是人类世界有变的天象。中国人认为，白虹代表兵灾，太阳代表君主，白虹贯穿太阳，即是君主或政权的中心人物遇上危险的预兆。中国人的占星术，系以此天象变化和人间事件相比拟的"天人感应"思想作为理论基础。就连天上有什么东西掉下来，也被当成代表变异的现象之一。

只要有某物从天空或宇宙空间落到地上，就有故事发生。像这样的故事，我们一下就可以举出好几个吧！ 对笔者而言，最熟悉的莫过于 1960 年代后半期圆谷制作公司（円谷プロダクション）推出的科幻作品，也就是电视影集"超异象之谜"（ウルトラ Q / Ultra Q）的其中几集。

"来自宇宙的礼物（宇宙からの贈りもの）"（金城哲夫编剧）。用来探测火星的火箭不知道被谁送回了地球。火箭里有金色的小球体。球体碰到热水后变得巨大，不久孵出了怪兽那美贡（ナメゴン / Namegon）。

"卡拉达玛（ガラダマ）"（金城哲夫编剧）。巨大陨石坠落到弓谷的水库。陨石在弓谷一带叫作卡拉达玛。但这个卡拉达玛里面，其实藏了契鲁索尼尔星人为侵略地球而送来的机械怪兽卡拉蒙（ガラモン / Garamon）。

清代的怪谈奇谈集《聊斋志异》在日本也是家喻户晓。在故事结尾处，常常有作者蒲松龄的分身"异史氏"出来讲解这篇故事的意义，并留下适用于人间的教训。《聊斋志异》所附的"异史氏曰"看似多余，不过我认为它其实是解开非现实世界（即另一个世界）魔咒的护身符，帮助被带入非现实世界的读者从中脱离，以回到现实世界（参见前文《骷髅的幻戏》）。"超异象之谜"每集都会用宛如咒语的台词"从现在开始的三十分钟内，你的眼睛将离开你的身体，进入这个不可思议的时间中……"作为开场白。为了让脱离出去的眼睛返回原本的身体，节目最后会有类似"异史氏"的解说员出来作一句简短讲评，例如讲"那美贡是外星人对地球人肆无忌惮开发宇宙的警告"，或是"卡拉蒙是暗示外星人开始侵略地球的事件"。

"巴伦卡（バルンガ）"（虎见邦男编剧）。附着于火箭上从土星返回地球的气球形物体，在东京上空吸收周围所有能源，不断增长

图九九：清朝的科学家们和外国人一同观测金星凌日的现象。出自《点石斋画报》。

变大。它其实是漂流在宇宙空间，借着吸收恒星能源以无限增长的宇宙生物。这个叫作"巴伦卡"（バルンガ／Balloonga）的生物，对人类既没有攻击性，也没有敌意，只不过是停留在那里罢了。如果说此事有什么警示意味，那么它的出现，可说是上天对东京这个巨大能源消耗地的警告。对于那些想要消灭此"怪物"的人类，发现巴伦卡的奈良丸博士怜悯地笑了笑，开始喃喃自语起来："巴伦卡并非怪物，而是神的警告。……巴伦卡是自然现象。或者该说是文明的天敌吧！"

如果说占星术出自中国人对天象异常的解释，这和前述看出怪物现象所象征之神（＝天）的警告或意志的行为如出一辙。在西方，怪物和"警告"、"神的意志"是同义词。出现异常生物、发生异常现象，都被解释成神的警告。

给人类带来警告，或预示人间将发生异常事件的天文现象，要数彗星，尤其与哈雷彗星相关者，最令人印象深刻了。

二十世纪初，当哈雷彗星接近地球时，尾巴笼罩住整个地球，惊动了全世界。在中国，哈雷彗星也成了话题，却没有发展成像欧美那样大的骚动。当时是清朝末年，有作家以人类和彗星的冲突作为题材，撰写这方面的小说。不过，地球毁灭并非主题，而是作为讽刺之用。当时的中国，至少在小说家的世界里，是个"人定胜天"的时代。

"人定胜天"，即只要努力，人为力量就能胜过上天意志（或说自然、命运）。这个词在近年成为常用的口号，鼓舞人进行开发、改造自然、振兴产业和建设富裕国家。清朝末年的插画报刊，时常可见飞碟、流星、陨石的报导，但这些都伴随着对万物的广博兴趣写成，传达出科学万能、科学万岁的朴素氛围。"哈雷彗星可能会毁灭地球"的问题，清末中国人似乎不太关心，但在当时欧美却引起极大骚动。像欧美这种对哈雷彗星可能毁灭地球的忧虑不安，正可谓"杞忧"。

那么，中国人真的从天象及星辰运行来决定自己的命运吗？当然，中国人在战术上，曾利用气象或天文现象来决定，也的确有汇整天和人之间的共通关联、而在决定或选择时派上用场的占卜书。但在中国正史里，"天象"和"人事"互涉相应的记载，不过是史家为了编写出理想的、戏剧性的或者该说是正确的历史，而作的修辞罢了。在占星术的合理性普遍遭到否定的今日，我自己倒有种感触，就是"天人感应"的宇宙论，已变成人为了赋予事件正当性、合理性，而在闲聊时谈论的话题。把"白虹贯日"的异常天文现象解读成林彪事件的预兆，那么历史的必然性、必然性的历史，便能生出。虽然仍会被当成迷信，但就能编撰出让大家不得不认同的正确历史来了。近年每当中国在政治上出现重大变化时，与之相关的大地震、彗星出现或龙年等话题，就会在中国悄悄谈论着，还传到日本来。现代人只会认同它，并从中体会到乐趣，绝不至于用严肃的态度来否定它。

无论哪个时代，中国人都是操控口号的天才。直到今日，在他们的历史学里，还灵活运用"天人感应"和"人定胜天"的口号。这两者皆用来预示某事可能发生，所以可以自由替换使用。外部的中国研究者，经常不明就里上了这口号的大当。从理论上来讲，中国人往往都是胜利者。鲁迅把类似的、为达到完全胜利的传统智慧，称为"阿 Q 的精神胜利法"。现代史上，中国这个国家的根基无人可敌，也是因为至今仍坚守此方法吧？中国人一定正在心中嘲笑周遭那些担心中国会瓦解的人，并将他们都看作担忧天会崩塌的杞国人。

四、望月的犀牛
—— 桃源乡的机械学

九世纪以降的阿拉伯旅人，留下许多关于中国的有趣记载。其中包含和犀牛角有关的部分。这些阿拉伯人首先谈到栖息在印度的独角犀牛[18]，并不约而同提出以下的观察报告。例如九世纪伊本·胡尔达兹比赫（Ibn Khordadhbeh, 820?—912）的《道里邦国志》（*Kitab al-Masalik wa'l-Mamalik*）说，犀牛角剖面的花纹似人、兽、鱼、蛇、鸟等生物之形；九世纪的苏来曼（Soleiman）和十世纪的马苏迪（ai-Mas'ūdī）继而补充，犀牛角剖面上可见到展翅的孔雀、犀牛或是同块土地上其他动物的外形，又说中国的王公贵族以高价购入这类珍品，做成腰带，视为珍宝。

中国亦留有这类记载，但数量上没有像阿拉伯那么多。其实应该说，这类记载大多出自阿拉伯人的文献。汉学家劳费尔指出，经商的阿拉伯人把印度或东南亚所产的犀牛角带到中国本土，他们深知自己的重要顾客——中国人的这种嗜好，并正确地记录下来。

尽管如此，若从中国人留下的文献来找寻有关犀牛角的记载，十一世纪末王辟之（1031—？）的《渑水燕谈录》提供了有趣且详细的证词，在中国文献里算是罕见。根据他的说词，从外国带进来的犀牛角，形貌各异。其中最稀奇的叫作"通天犀"，其角纹"或如日星，或如云月，或如葩花，或如山水，或成飞走，或成龙鱼，或成神仙，或成宫殿，至有衣冠眉目杖履、毛羽鳞角完具，若绘画然，为世所贵，其价不赀，莫知其所以然也"。

这让人想起巴尔特鲁萨提斯的论文《带有图纹之石头》[19]中所探讨的幻景。石头上浮现图纹的原因，欧洲人提出了他们自己的说法。而犀角上冒出图纹，中国人则赋予其生成的原理：

犀因望月纹生角，象为闻雷花发牙。

明代的博物学著作《本草纲目》指出，中国自古即有这样的俗谚。它的意思是说，犀牛用眼睛望月，月亮的形状透过眼球，进入犀角内部，生出纹路；大象听闻雷声，象牙上便爆出雷电的形状。说到雷电与动物，让人联想到中国人流传已久的植物羊的故事。这种植物羊被中国人称为"地生羊"。欧洲也有与中国的植物羊类似的传说，有关这部分详见亨利·李（Henry Lee, 1826—1888）的《鞑靼的植物羊》（*The Vegetable Lamb of Tartary*, 1887）。然而早在十四世

230

图一〇〇：望月的犀牛。出自《古今图书集成》。

纪，植物羊已见于鄂图瑞克口述的《东游录》，和约翰·曼德维尔的《曼德维尔游记》（The Travels of Sir John Mandeville）。这两本书记载从果实中生出之羊的故事。在西方，植物羊以"Scythian Lamb"、"Barometz"或"Borametz"之名流传。植物羊传说在中国另有一变种，即羊子闻雷声自土中生出的传说[20]。这和凝聚层（coacervate）因雷神一击而构成生命的幻景，同样是生命借外力作为与天相通的装置。正因为在脐带和大地相连的情况下成长，体内同时吸收了上天父亲的一击和大地母亲的慈爱，这植物羊遂能健康平安地长大。

再回到犀牛的主题。目前一种说法是，不只月亮，凡是犀牛眼睛所见到的形貌，尤其月亮和星星等天体现象，都会在犀角里面留下痕迹。另一种说法是，怀孕中的犀牛若见到穿过空中的物体，物体的外形便会印在腹中犀牛宝宝的角上。这类硬梆梆、具实际形体的"空论"，我可是非常喜欢。

不论东西方，人都把鼻子前端所生之角当作犀牛的特征。犀牛的拉丁文和英文名称皆为"Rhinoceros"，意思是"鼻上有角者"。词头的"Rhino"，为"鼻子"之意。许多特征在于鼻子的动物，如蝙蝠的一种（Rhinolopus）和已经绝迹的"鼻行动物"

（Rhinogradentia），其名称都被冠上"Rhino"一词。

　　阿尔布雷希特·杜勒的画作（1515），描绘近代欧洲人初次见到的印度独角犀牛。然而在这幅画中，犀牛的脖根部分却长出了原本没有的第二根弯角。随后，许多博物学者和画家，便以杜勒笔下这只犀牛为蓝本，不断仿照复制，开创出一段辉煌壮丽的犀牛美术史。杜勒用他自己的想像力，把古希腊罗马时代著述家所留下的双角犀故事转化成图像。克拉克（T. H. Clarke）的《犀牛的美术史——从杜勒到史达伯斯，1515—1799》（*The Rhinoceros from Dürer to Stubbs, 1515—1799: An Aspect of the Exotic*, 1986），汇整了杜勒之后的犀牛图像史，读来相当愉快，希望早日出版翻译本。看一下里面的犀牛图，我总觉得，这第二只角每次被人仿画，看起来就越大。

　　清朝初年，杜勒的犀牛图传入中国。但是，不可思议地，第二只角竟被删去了（参见前文《八戒的漂白之旅》）。犀牛图像在中国出现非常有趣的变迁过程，这部分可参见拙译《犀牛与独角兽》[21]。近世的中国人早已忘却犀牛原本的外形，只有"犀"这个字还留在他们的记忆里。是故，中国人从"犀"字所认知到的犀牛图像，不过是"望月的犀牛"一图中像牛的模样。即使杜勒所画的犀牛传到了中国，中国人也不用"犀"来称呼它，而是另取了"鼻角兽"的名字，把它当作新品种的动物。东西方各自发展出关于犀牛图像的"空论"，就在中国合而为一。特别是杜勒的犀牛，在十七世纪以后的中国，经历了坎坷的命运。《西游记》里登场的"犀"怪，也被画成像牛的模样。因此，若认为中国人因为知道犀牛的正确形貌才删去它的第二只角，那实在不太合理。中国人实际见到的，只是从东南亚输入的犀角。至于犀牛本身的图像，已被他们给忘掉了。

　　八世纪陈藏器（687?—757）编撰的《本草拾遗》，提到一种叫"通天犀"的犀牛。该书称此犀"脑上角千岁者长且锐，白星彻

图一〇一:《西游记》里出现的三只犀牛怪。

端，能出气通天，则能通神，可破水、骇鸡，故曰通天"。看来犀角具备了令物体退避的基本功能。《本草拾遗》最后所说的"可破水、骇鸡"，有点令人费解。不如来看四世纪道教人物葛洪的说明吧！

葛洪《抱朴子·登涉》说，口中含着通天犀角入水，水会为人敞开三尺见方的空间，人便可在水中呼吸运气[22]。故通天犀又称"辟水犀"。还有会让鸡感到害怕不敢接近的"骇鸡犀"，用它盛上米粒放在鸡群中，鸡若想上前啄米，还没啄到就会被吓走[23]。这两种都是通天犀的功能。另有在冬季放出暖气的"辟寒犀"。而到了夏季会放出冷气的"辟暑犀"，唐代文宗皇帝用它来解夏天的暑气。此外，具有不让灰尘靠近的性质，而用来做簪子或梳子的"辟尘犀"，以及可以平复怒气的"蠲忿犀"等等。犀牛角具有的功能相当多，其种类也各式各样。

《西游记》第九十一回，出现了先前提到的三只犀牛怪。这三只怪物分别叫"辟寒大王"、"辟暑大王"和"辟尘大王"。它们的名字，乃是出于前述犀牛的奇特功能。同书第六十回，牛魔王的坐骑"辟水金睛兽"登场。牛魔王骑着它前往水底精怪的府宅。如其名所示，辟水金睛兽拥有让水分开、以便在水中前进的特殊能力。虽然我们仍旧不清楚辟水金睛兽是什么动物，但或许可从犀牛的功能来作推想。

拥有此类角纹和超自然能力的犀牛被称为"通天",很有意思。这名称如字面所述,意指通入天,即吸取天的精气。如果只是把犀牛、麒麟等独角兽的独角形象解释作"阳具象征",这说法已让人听腻了。犀牛的独角里,其实藏有吸取天之气、能通天的天线那样极其科学的功能,即"道的机械学"之基本原理。

1949 年 11 月,建国刚满一个月的中华人民共和国设立中国科学院。隔年春天,该院创办自然科学类的学术期刊《科学通报》。这份权威性刊物,旨在指导新中国发展新科学技术。

该刊的创刊号,刊登了一篇两页的报导文章《关于本院所收到的一些不能成立的"发明与发现"之介绍》。该文开头说:

> 自本院成立五个月以来,曾先后收到不少国内各地非专门的研究者们所提出的发明与发现的著作,经本院审查后已分别予以答复。这些发明多半是从空想出发,未曾结合实际,因而徒耗费了许多时间和精力,而不能产生科学的价值,这使我们深觉惋惜。现在选出几篇,基本上有错误因而不能成立的发明与发现来,介绍于后。

以下分别介绍"研究原子武器分化计划"、"星球起源之新研究"、"真空吸力理论"、"政治经济表"、"永动机"、"原子循环机器"、"地球引力发动机"七个项目。这里面有一半属于发明永动机。而"永动机"一项说:

> 本院收到的关于发明永动机的文件不下六七种。这些永动机发明都是空想的结果,实际上都是根本不可能的。这些永动机发明家们(有的自称曾经过二十多年的苦心研究)都犯了同

样的错误，就是他们都不明了摩擦的损失在任何实际机械都是不可避免的，而机械实际应用时更须抵抗外力作功，他们都根本不懂得物理学上最基本的功原理，也没有实际上使用机械的经验，凭空妄想不消费任何功能代价而使机械永动并作功。我们希望这些发明家今后能将他们的发明热忱和精力转用于切合实际的方面上去，那么就对于新中国的生产建设事业大有裨益了。

这类拒绝永动机发明专利申请的声明，有好几个国家曾先后发出。其中比较早的，是法国法兰西学院自然科学院（Académie des Sciences），在 1775 年发出关于永动机发明的拒绝声明。

十九世纪，卡诺（Nicolas Léonard Sadi Carnot, 1796—1832）、梅耶（Julius Robert von Mayer, 1814—1878）、焦耳（James Prescott Joule, 1818—1889）、赫姆霍兹（Hermann Ludwig Ferdinand von Helmholtz, 1821—1894）等人所建立的热力学法则，为发明永动机烙下"不可能成功"的印记。亨利·迪瑞克斯（Henry Dircks, 1806—1873）的大著《永动机——十三到十九世纪探索自动动力的历史》[24]，详细介绍了如流星般一瞬即逝的种种发明。关于西方永动机的历史，奥德休谟（Arthur W. J. G. Ord-Hume）的《人类对永恒运动的执迷史》（*Perpetual Motion: The History of an Obsession*）是很合适的概说书。不过在此我想推荐一本绘本，也就是《不可思议的发动机——永恒运动的秘密》[25]。这本书充满了惊奇，请立志发明永动机的小朋友，务必读读此书。

当然，这些专著完全没提到中国的永动机。编写中国的永动机史，毕竟是耗时费力的大工程。至于中国有没有永动机，反而不是那么重要了。据说秦始皇陵里面有模拟江河不断流动的装置，但就算收集这类传闻，把它炒作成"古代史之谜"，恐怕也没有什么意义。中国人追求的永恒，毋宁是针对自己肉体长生不死的药物学，而且既然他们把时间本身当成没有起点亦没有终点的系统，那么打造永恒的机械装置一事，他们或许不会有兴趣了。根据中国人的宇宙史图表，一个宇宙会在比较短的期间，即十二万九千六百年内，生成并消灭，但那并不是彻底的终结，而是和中国史上的王朝兴亡相同，很快又有一个新宇宙诞生出来。

《科学通报》的声明文，介绍"地球引力发动机"发明者的崇高动机："因为目睹祖国备受异族之侵略，欲以此机增加生产，强国富民。"这是中华人民共和国成立半年内，中国科学院所收到关于永动机的构想。这种热情来自单纯的爱国心，应是不争的事实。自称是发明家的永动机设计者，可说是在民族主义的强力驱动下，为了对建设新中国有所贡献，用最真挚的热情，追逐永动机的幻想。

回想起来，1950 年代，正是以苏联为范本，拟定让整个民族从这种"伪科学"中觉醒，进而走向"真科学"之政策的时代。再举另一个例子，奖励科幻小说，亦是此政策的一环。1955 年的《人民日报》，上面刊登了郭沫若（1892—1978）的《请为少年儿童写作》、社论《大量创作、出版、发行少年儿童读物》、中国作家协会的《关于发展少年儿童文学的指示》等口号式论说文章。这些文章都在寻求加入正确的科学知识，且以儿童为对象的科幻小说。同年，杂志《文艺学习》登出《关于惊险小说答问》[26] 一文，文中谈论推理小说的教育作用。隔年，□□打出"向科学进军"的口号。附带一提，1950 年代，还是儒勒·凡尔纳（Jules Verne, 1828-1905）所写的"惊奇之旅"（Voyages Extraordinaires）系列小说，在中国主要由俄译本转译过来，而以全集形式出版的时代。

之后过了十一年，这个巨大的国家，爆发了"文化大革命"。

这是发生在 1974 年的事情。陕西省有一位永动机的发明人到首都北京告状，说从中央到地方的各级领导都制止他的科学发明。

没多久，他的诉状呈到一位掌权者手里。这人名叫江青（1915—1991）。她看完诉状后，当即批示"建议中央大力支持此人的革新试验和试制工作"，并叫其心腹王洪文（1935—1992）过问一下此事。王洪文立即把此君迎进高级招待所，接着便拨款十几万元，造出了他所发明的"无连杆永动机"。

我们实在想像不到，这台远从陕西而来的永动机，长得是什么样子。最后答案揭晓，让江青充满期待的这台"无连杆永动机"，只是一堆废铁罢了。

在此事之前的 1971 年，辽宁省在某头面人物的操纵下，组织了十几个人的研究团队，进行永动机的研究。这位人物异想天开地说："从发明蒸汽机到内燃机，都是动力革命，如果永动机研制成功，那就是一场更大的动力革命。"研究团队经过一年多的时间，花费三万多元资金，终于造出了永动机。但是等到测试时，输出功率远远小于输入功率，实际上不过是一台经过乔装打扮的永磁电动机。

文化大革命期间，这类的发明报告不断呈报到相关机构。有人统计过，第一机械工业部在 1971 年到 1976 年间，收到发明永动机的信件有两百六十五封；中国科学院在 1975 年的四个月中，收到一百多件有关永动机的发明文件。中国科幻作家郑文光（1929—2003）的短篇小说《白蚂蚁与永动机》（刊于《科学文艺》创刊号，1979 年 5 月），是以"文革"时期的四人帮和永动机为主题的作品。当然，这篇小说属于揭露"文革"黑暗面的"伤痕文学"作品，旨在控诉四人帮支持伪科学的行为。不过，若由我来评论，我会把江青并没有不关心、不重视永动机这点，看作想成为"霸者"的人物所具有的素质。

现代的霸者江青，深陷于永动机幻想之中。说到这里，让人想起那位被赫尔岑（Aleksandr Herzen, 1812—1870）称为"戴着皇冠的革命家"的彼得大帝（Peter the Great，在世 1672—1725，在位 1682—1725）。彼得大帝曾前往欧洲各先进工业国游历与学习，对机械构造也颇有研究。他是一位伟大的帝王，也是沉迷于永动机的人物之一。1715 年，他命外交官欧斯特曼（Heinrich Johann Friedrich Ostermann, 1686—1747）完成关于当时震惊欧洲的永动机发明家白斯拉（Johann Ernst Elias Bessler, 1680—1745）的详尽报告书。他不但立刻用十万卢布和白斯拉订下在俄罗斯国内设置永动机的契约，还打算聘请白斯拉来俄国进行研究。然而 1725 年彼得大帝去世，这个梦幻般的计划遂化为泡影。

和彼得大帝一样，江青可说是期望自己的中华帝国能够绵延不绝而迷上永动机的霸者。1991 年，江青自杀的消息传了开来。有关她的评价，也和这个国家的前途同样千变万化吧？然而就迷上永动机而言，她或许真有成为"女帝"的素质也说不定。此外，"文革"时期，全国各地纷纷献上用以延年益寿的长生不老药。这些药物送进了□□□，特别是送到想作永恒帝国主人的江青手中。对永恒王国的主人来说，永动机和长生不老药，是适合拿来玩赏、具象征性的玩具，也是前电影女演员应该佩戴的装饰品。犀牛角和江青的永动机，经由"通天"，即偷偷进入天界，夺取了天的能量，再把能量带回下界，充分利用，乃是基于完全相同的"道"的机械学之根本原理。

人类为了取得犀角，大量猎捕犀牛，使得犀牛濒临绝种。江青则以上吊的方式，结束了自己的性命。不过，请别在意这些事。如今在这个国家的某处，叫作"道"的永动机，正发出卡达卡达的声音，让新的桃源乡运作转动，同时把天的能量传送到那片广大的黄色土地上。

注释

1. 译注：此文刊于《新世纪》第十五、十七、十八、二十、二十三号（1907 年 9 月至 11 月刊行），作者为"民"。

2. 译注：以太是"Ether"的中文音译。

3. 译注：唯灵论（Spiritualism），十九世纪中期，欧美兴起人类可以和死者灵魂交流的主张，并由此发展出心灵研究的活动。1840 至 1920 年代之间，在美、英等英语系国家引发心灵研究的热潮。又称"心灵论"、"心灵主义"或"精神主义"。

4. 译注：谭嗣同《仁学》云："仁以通为第一义。"

5. 译注：一柳广孝，《＜こっくりさん＞と〈千里眼〉——日本近代と心靈學》(东京：讲谈社，1994)。

6. 译注：亚尔佛德·罗素·华莱士（Alfred Russel Wallace）是英国的生物学家、地理学家、探险家。他和达尔文分别发明进化论，并提倡唯灵论。

7. 译注：武田雅哉，《翔べ！大清帝国——近代中国の幻想科学》(东京：リブロポート，1988)。任钧华译，《飞翔吧！大清帝国——近代中国的幻想科学》(台北：远流出版公司，2008)。

8. 前引《中国怪谈集》所收《宇宙山海经》一文，为《大千图说》之节译。

9. 译注：《大千图说》云："神童江希张，山东历城江明经钟秀子也。生有异禀，一二岁而识之无，三四岁能弄翰墨，五六岁能注释经书。不费思索下笔千言，且可译成外国文字，旁及四体书法，医卜末技，亦不学而精至。道、佛、耶、回各教经典皆能解注其奥。即最近时务科学诸书亦可解其大意。非有夙慧，曷克如斯！历蒙陈筱圃宗师、孙慕韩中丞、唐春卿尚书面试优奖，并蒙康南海、李佳白、陈重远、柯定楚诸先生，许为奇才。"

10. 译注：康有为《诸天讲》中的《连星亦日有游星绕之》云："吾地最小之游星耳，人物如此之异，国土如此之多，政教风俗如此之繁变矣。况连星之游星无量且广大乎，其人物之诡，国土之繁，政教风俗之变，更岂可思议哉？"

11. 译注：虫洞（wormhole），又译蛀孔、蠹孔。

12. 译注：利维坦（Leviathan），为西方传说中的怪兽。

13. 译注：《列子·天瑞》：杞国有人忧天地崩坠，身亡所寄，废寝食者；又有忧彼之所忧者，因往晓之，曰："天积气耳，亡处亡气。若屈伸呼吸，终日在天中行止，奈何忧崩坠乎？"其人曰："天果积气，日月星宿，不当坠耶？"晓之者曰："日月星宿，亦积气中之有光耀者；只使坠，亦不能有所中伤。"其人曰："奈地坏何？"晓者曰："地积块耳，充塞四虚，亡处亡块。若躇步跐蹈，终日在地上行止，奈何忧其坏？"其人舍然大喜，晓之者亦舍然大喜。

14. 译注：《列子·天瑞》：长庐子闻而笑之曰："虹蜺也，云雾也，风雨也，四时也，此积气之成乎天者也。山岳也，河海也，金石也，火木也，此积形之成乎地者也。知积气也，知积块也，奚谓不坏？"

15. 译注：《列子·天瑞》：子列子闻而笑曰："言天地坏者亦谬，言天地不坏者亦谬。坏与不坏，吾所不能知也。虽然，彼一也，此一也。故生不知死，死不知生；来不知去，去不知来。坏与不坏，吾何容心哉？"

16. 译注：新星，是激变星（cataclysmic variables）的一种。这种星体原本很暗，不容易见到，爆炸时亮度突然增加数千乃至数万倍，持续数天后再慢慢回到原亮度。以为是新诞生的星体，故而得名。

17. 译注：康保县位于河北省西北部，地处内蒙古高原的东南缘。

18. 译注：一般称为"印度犀"，学名：Rhinoceros unicornis，英文名：Indian Rhinoceros，属奇蹄目犀科。印度犀是亚洲犀里体型最大的一种，栖息在印度北部一带，现被列为保育类野生动物。

19. 译注："Pierres imagées" 一文，收入 Jurgis Baltrušaitis, Aberrations: *Quatre Essais sur la Légende des Formes* (Paris: Olivier Perrin, 1957), pp. 47-72。目前已有英译本和日译本，尚未有中译本。英译本为 Richard Miller trans., Aberrations: *An Essay on the Legend of Forms* (Cambridge, Mass.: MIT Press, 1989)；日译本为种村季弘、巖谷国士译，《アベラシオン：形態の伝説をめぐる四つのエッセー》（东京：国书刊行会，1991）。

20. 译注：《本草纲目·兽之一·羊》记载："地生羊出西域。刘郁《出使西域记》：以羊脐种于土中，溉以水，闻雷而生，脐与地连。及长，惊以木声，脐乃断，便能行啮草。大秦国有地生羊，其羔生土中，国人筑墙围之。脐与地连，割之则死。但走马击鼓以骇之，惊鸣脐绝，便逐水草。吴策《渊颖集》云：西域地生羊，以胫骨种土中，闻雷声，则羊子从骨中生。走马惊之，则脐脱也。其皮可为褥。亦云：漠北人种羊角而生，大如兔而肥美。三说稍异，未知果种何物也？当以刘说为是，然亦神矣。造化之妙，微哉！"

21. 译注：Berthold Laufer 著，武田雅哉译，《サイと一角獣》（东京：博品社，1992）。

22. 译注：《抱朴子·登涉》云："得真通天犀角三寸以上，刻以为鱼，而衔之以入水，水常为人开，方三尺，可得氛息水中。"

23. 译注：《抱朴子·登涉》云："又通天犀角有一赤理如縆，有自本彻末，以角盛米置群鸡中，鸡欲啄之，未至数寸，即惊却退。故南人或名通天犀为骇鸡犀。"

24. 译注：亨利·迪瑞克斯在 1861 年出版《永动机——十七、十八、十九世纪探索自动动力的历史》（*Perpetuum Mobile: Or Search for Self-Motive Power, During the 17th, 18th, and 19th Centuries*）一书，之后在 1870 年出版修订版，更名为《永动机——十三到十九世纪探索自动动力的历史》（*Perpetuum Mobile: Or a History of the Search for Self-Motive Power from the 13th to the 19th Century*）。

25. 译注：远藤一夫著，永美ハルオ绘，《ふしぎなエンジン——永久運動のひみつ》（东京：岩崎出版，1987）。

26. 译注：《关于惊险小说答问》刊于《文艺学习》1955 年第十二期（总第二十一期）。

代后记：统统回到口里去吧

　　我们这个世界的人类，遇上不合常理的事件，总会惊慌恐惧。可是，"阳羡鹅笼"的故事，完全不照这样的怪谈模式来发展。最不合常理的，要说是许彦这个家伙了。许彦啊，你为何不感到惊恐？为何面不改色呢？你明明是这个世界的人啊！

　　还有，故事里那两只鹅，应该只是一般的鹅。如果是鹅，男子一进入笼里，通常不是会发出惊叫声吗？那两只小家伙也太冷静了。它们明明是这个世界的鹅啊！

　　从口里进出的男男女女，早已不重要了。你们高兴进来就进来，高兴出去就出去。反正你们是另一个世界的人，想做什么我们可管不着。

　　许彦与鹅，想必和现世的我们比邻而居。现在住在中国的中国人和鹅，无非是他们的后裔。

　　我很喜欢这个故事，因为它暗示了某个异类空间的存在，而这空间无法用日本人常用的"怪谈"一词来说清楚。中国人明明是在构思荒唐不合理的事情，却总能面不改色、泰然自若。说起来，还真是非常有趣的一群人。

　　在无数次彻夜畅饮长谈的聚会上，本书所提到的玩意儿，屡屡成为下酒的菜肴。会上喝得醉醺醺的，有让我明白自己很无知的恩

244

师，有从其他角度提点自己的友人，还有提出无法立即回答的问题、要我设法解决的学生。以上诸位都是我写作时最先请教的对象。原稿初刊时的各杂志编辑，曾分别提出宝贵的建议。在此深表谢意。

就在此时，书生好像快醒来了。文中所写到的种种事物，统统回到女子的口里去吧！我们也一起进去口里吧！中国人的桃源乡，应该是在胃里。这次如果遇见贪吃的猪八戒，就问一下那里面的事情好了。反正这家伙是专精于胃的……

武田雅哉

1994 年 11 月　于日本北海道札幌

繁体版后记

　　继《飞翔吧！大清帝国》后，台北的远流出版公司再度出版拙著的中译本。本书和前一本一样，都是我早年所写的杂文，如今内容大多已记不得。其中有很多地方必须修改，所幸有认真可靠的译者任钧华先生，他彻底找出本书内容的错误处，将可以修改的部分尽可能作修改。在此要向任先生表示深深的谢意。

　　远流出版公司主编郑祥琳、沈维君两位女士在编务上付出极大心力，谨此一并致谢。

武田雅哉

2010 年 11 月　于札幌

译后记

　　在蓊郁林阴中的某栋建筑物内，一楼大厅的展览平台上正展示着十余本书籍。走过去一瞧，竟是"服妖"、"红小兵"、"猪八戒"、"汉字神话"、"黄河幻想"等许许多多奇特的书名！平台中间摆了一张小海报，上面写着："……炼金术士武田雅哉，自在运用庞大的文献和图像资料，畅谈中国文化的魅力。"——这是去年（2009）北海道大学大学院文学研究科为该研究科武田雅哉教授举办的著作特展。

　　原本梦想当"仙人"的武田雅哉，后来拜《西游记》研究大家中野美代子教授为师，成为专治中国文化的炼金术士。他一头钻进中国人不合常理的世界，致力解读形成这个世界的两大支柱——"想像"和"假造"，于是《桃源乡的机械学》就诞生了。日后他的许多著作，和本书一样并非在"别空想啦！""不可以假造！"等说教意味下成立，而是借由"想像"、"假造"两条途径，重新去考掘中国文化的多面性。从中，我们不难发现，中国人"想像"、"假造"背后，隐含着精密构筑而耐人寻味的世界观。

　　1980 年代以来，在有识之士的努力下，日本中国文学研究者的研究成果被广泛介绍到华人世界来。中国大陆出版社主要以单行本或丛书（较知名者为上海古籍出版社的"海外汉学丛书"、吉林教育出版社的"日本学者中国文学研究译丛"和中华书局的"日本中国学文萃")的形式出版了多部译著。台湾近年除北海道大学武田雅哉教授外，另有东京大学藤井省三、大木康两位教授的著作问世。两岸迄今出版的日本学者译著，多为较严肃的学术著作，不过当中也有吸引读者、可读性高的读物。《桃源乡的机械学》即属此类作品。

《桃源乡的机械学》是武田先生二三十岁时所写文章的集结，日文单行本于 1995 年 1 月由作品社出版。2001 年 7 月，王晓平教授在《中华读书报》上发表一篇《鹅笼四说》的短文（此文收入 2008 年中华书局出版的《日本中国学述闻》），里面谈到了《桃源乡的机械学》所提出的"桃源乡结构"，应该是最早介绍本书的中文文章。武田先生后来的研究著述主题，近半数与本书紧密相关，甚至为其延伸深化。中译本在日文本出版十五年后始问世，虽然来得迟，但终究是很有意义的事情。

我并非学中国文学或中国史出身，接下武田先生两本著作的翻译工作纯属机缘巧合。本书以中国为论述对象，此外还涉及众多欧洲和日本相关事物，涵盖范围远较前一本《飞翔吧！大清帝国》广博。为此，我做了大量查对工作，尽可能将日文本错误之处改正过来，并附上原外文名称和译注，以使不同背景的读者都能轻松悠游于作者笔下的桃源乡世界。

这本译著如今呈于读者面前，实赖许多人的支持和协助。最初因远流前总编辑林皎宏先生（傅月庵）的推荐，本书才有机会出版。在近两年的翻译过程中，得到作者武田雅哉先生鼎力相助。遇到疑难问题去信请教，武田先生总是不厌其烦地给予详尽解答，让误译的可能性大为降低。责任编辑潘贞仁女士仔细审阅润色译稿，十分辛苦。当时和潘女士在会议室讨论词句译法的情景，至今仍历历在目。远流出版四部在出版联系事务上耗费无数心血，特别为了我的拖稿，一再将出版日期往后延。友人陈圣屏、陈慧萦二君屡次代为查询复印文献，提供及时雨般的支援。对于以上诸位，在此谨致上由衷的谢意。

　　受限于翻译能力以及对中国文化的认识，疏漏舛误之处恐在所难免，尚祈读者惠予指正。

任钧华

2010 年 12 月